Brigitte Ettmann

Mach mit!

HANDARBEITSSPASS MIT KINDERN

Handarbeitsspaß

Brigitte Ettmann

mit Kindern

Mach mit!

BuchVerlag
für die Frau

ISBN 978-3-89798-445-5

2., erweiterte und überarbeitete Auflage 2017
© BuchVerlag für die Frau GmbH, Leipzig 2014
Redaktionelle Mitarbeit: Ulrike Lokatis
Covergestaltung und Layout: Susanne Weigelt, Leipzig
Fotos: Kathleen Busies, Leipzig
Druck und Bindung: DZA Druckerei zu Altenburg GmbH
Printed in Germany

www.buchverlag-fuer-die-frau.de

Inhalt

Projekte ☞

„Was man mit Wolle alles machen kann ...!"

Die Entdeckung einer Schatzkiste

Es ist kein Zufall, dass ich heute wöchentlich viele Stunden mit Kindergartenkindern handarbeite. Ich glaube nämlich nicht an Zufälle. Vielmehr hat es sich so gefügt – mit Engagement, Liebe und Freude hat sich etwas entwickelt, von dem alle profitieren: die Kinder, der Kindergarten, aber auch ich.

Zwei Jahre lang half ich ehrenamtlich einige Stunden wöchentlich in einem Kindergarten den Kindern beim Essen, An- und Ausziehen, spielte mit ihnen. Mir fiel auf, dass sich eines der Mädchen manchmal etwas zu langweilen schien. Miriam war damals fünf Jahre alt, aber viel weiter in ihrer Entwicklung, sehr aufmerksam, ernsthaft und zuverlässig. Ihre beiden älteren Freundinnen waren im Sommer in die Vorschulgruppe gekommen. Miriam hatte mit ihnen gemalt, gebastelt, Decken aus Papier geschnitten usw. Die Erzieherin gab Miriam bereits besondere Aufgaben, sie durfte die Essenskörbe in die Küche tragen und manchmal auf die jüngeren Kinder aufpassen.

Eines Tages sah ich meinen Großnichten beim Stricken und Rundweben zu. „Das wäre etwas für Miriam", dachte ich sofort. Ich fragte die Erzieherin im Kindergarten: „Könnte man einen Webrahmen kaufen?" Das sei nicht nötig, man hätte alles da, antwortete die Erzieherin und zeigte mir einen

Koffer. Darin waren: Stickrahmen in verschiedenen Größen, Rundwebrahmen aus Plastik, runde und gerade Holzwebrahmen, eine Strickliesel, Wolle und Baumwolle, Sticknadeln usw. – kurz alles, was das Handarbeiterherz begehrt.
Am nächsten Morgen, während der freien Spielzeit, zeigte ich Miriam und anderen Kindern den Koffer. Sie staunten, schauten sich alles an, nahmen die Wolle in die Hand. Ich merkte, dass der Koffer in Wahrheit eine Schatzkiste war.

„Du bist unsere Strickoma!"

Ab dieser Zeit fing ich an, regelmäßig mit den Kindern kleine Handarbeiten zu machen. Ich spürte, mit welcher Energie und Ausdauer viele Kinder bei der Sache waren. So entstanden erste Bommeln, Stickbilder, gewebte Deckchen.
Nach den Sommerferien kamen die älteren Kinder in die (von ihnen ersehnte) Vorschulgruppe. Die Kita-Leiterin bat mich, zusätzlich in der Mittagszeit mit den großen Kindern zu handarbeiten. Neue Kinder kamen dazu, und nun bemerkte ich Unterschiede

im Vergleich zu den Kindern, die von Anfang an dabei waren: Ihre Finger waren bereits geschickt im Umgang mit Nadeln und der Wolle geworden.

Anfangs fragten die Kinder, ob sie kommen können. Inzwischen habe ich Gruppen gebildet, damit alle Kinder, die handarbeiten möchten, die Gelegenheit dazu bekommen. Auch das Angebot habe ich stetig

erweitert. Mittlerweile können die Kinder zwischen vielen verschiedenen Handarbeiten wählen.

Bei schönem Wetter sitze ich im Hof unserer Kita an einem großen Tisch, auf dem Körbe voller Wolle, Bommelpappe, Stick- und Webrahmen usw. stehen. Dann bin ich für alle Kinder ab drei Jahren aus dem Kindergarten ansprechbar. Es werden Bommeln gewickelt,

es wird gestickt, geflochten und gewebt – und dabei natürlich Quatsch gemacht und gelacht. Besonders lieben die Kinder die Wolle mit Kuschel- und Glitzerfäden in Rot, Gold, Silber.

Und wenn meine Hände einmal Ruhe haben, lese ich Gedichte vor oder wir hören Gedichte und Lieder auf CD. (Es müssen übrigens immer die gleichen sein!)

Die Kinder erzählen auch vom Handarbeiten zuhause – mit den Großmüttern, den Müttern, den Tanten oder den Geschwistern. Oft wünschen sie sich Wolle, Stricklieseln usw. zu Weihnachten oder zum Geburtstag. Zuhause, im Urlaub, auf der Fahrt im Auto oder Zug entstehen so Freundschaftsbänder oder fingergestrickte Schals.

Von den Eltern kamen von Anfang an nur positive Rückmeldungen, auch manchmal ein Blumenstrauß oder ein anderes Dankeschön, z. B. ein großer geflochtener Korb voller schöner Wolle als Abschiedsgeschenk von den künftigen Schulkindern.

Das Zusammensein mit den Kindern ist eine große Bereicherung

und Freude für mich. Aufgrund meines Alters bin ich auch so etwas wie eine Oma für die Kinder. Nach langen Erklärungen, weshalb ich keine „richtige Oma" mit Enkelkindern bin, behauptete Anto-

„Was man mit Wolle alles machen kann!"
(Katharina, 5 Jahre alt)

nia bestimmt: „Doch, Bri-Bri (so nennen sie mich seit einiger Zeit), du bist unsere Strickoma!"

Mittlerweile konnte ich meine Erfahrungen mit den Kindern so-

gar an andere ehrenamtliche Helferinnen weitergeben. In vielen anderen Kindergärten wird jetzt mit der gleichen Begeisterung gestickt, gestrickt, gewebt und geflochten. Als ich damals den Koffer das erste Mal sah, konnte ich nicht ahnen, was sich daraus entwickeln und dass es eine Aufgabe für viele Jahre werden würde.

Aber es sollte so sein, und es war bestimmt kein Zufall.

Warum Handarbeiten für Kinder so wichtig sind

Kinder lieben es, mit den Händen etwas zu gestalten, schöpferisch zu sein. Mit großer Freude und Begeisterung sticken, stricken, flechten, knüpfen und weben sie. Sie machen es freiwillig und genießen es, ernst genommen zu werden: Sie dürfen die Wolle auswählen und damit arbeiten.

Immer wieder höre ich von erstaunten Erwachsenen: „Was, das hast du gemacht?! Das ist ja toll!" oder „Dass die Kinder das in diesem Alter schon können!" Ja, sie können es – und Sie müssen es ihnen auch zutrauen!

Die fertigen Bommeln, Bänder, Schals oder Deckchen müssen in diesem Alter nicht perfekt sein, alle kleinen Werke sind schön. Die Kleinsten strahlen und platzen fast vor Stolz, wenn sie ihre erste fertige Bommel den Freunden und Erziehern zeigen – und dann Großeltern oder Eltern schenken können.

Aber das Handarbeiten ist weitaus mehr als das: Es ist ein kleines Wundermittel in der frühen Förderung der Kinder. Spielerisch schulen die Kinder ihre Kreativität und Fingerfertigkeit (Feinmotorik), Konzentration, Ausdauer und ihr ästhetisches Empfinden, ihr Gespür für Materialien, Schönes und Farben, z. B. durch die Auswahl der Wolle.

Hinzu kommt: Die Freude über das Gelingen und das Lob der Erwachsenen stärken ihr Selbstvertrauen ungemein!

Für die heutige Generation „60plus" gehörte das Handarbeiten in der Schule noch selbstverständlich zum Stundenplan. Es wurde mit mehr oder weniger Begeisterung gestickt, gehäkelt, gestrickt und genäht. Manche Werke wären allerdings ohne die Hilfe der Mütter oder Großmütter nie beendet worden. Später waren Handarbeiten nicht mehr „in", Wollgeschäfte verschwanden, selbstgestrickte Pullover wollte niemand mehr tragen.

Heute erleben wir eine Renaissance der Handarbeiten. Dass sie wieder im Trend liegen und vor allem junge Leute das Stricken,

Ich beginne im Gruppenraum mit einigen Kindern das Handarbeiten. Jakob stürzt zu mir, möchte mitmachen. Ich sage zu ihm: „Jakob, heute ist doch Dienstag, du hast gleich Englisch." Die Tränen schießen ihm in die Augen, er schluchzt: „Ich will nicht zum Englisch, ich möchte Fingerstricken! Ihr wollt mich nur nicht dabei haben."

Die Leiterin kommt hinzu, nimmt Jakob an die Hand, kniet sich zu ihm nieder und spricht mit ihm. Ich kann nicht verstehen, was sie zu ihm sagt, aber nach einer Weile kommt er strahlend zu mir gelaufen und verkündet stolz: „Ich darf heute doch handarbeiten. Englisch mache ich dann nächstes Mal wieder!"

Nachtrag: Der Englischunterricht wird von den Eltern bezahlt.

Häkeln und Nähen neu entdecken, macht Mut. Es zeigt eine Rückbesinnung auf Traditionen und den Wert des Selbstgemachten. Das hilft meinen Mitstreiterinnen und mir, weitere Helferinnen für das Handarbeiten in einer Kita oder im Hort einer Grundschule zu gewinnen. Ich bin selbst überrascht, was sich aus den kleinen Anfängen im Jahr 2009 bis heute entwickelt hat!

Fakt ist, dass Kinder, die es wollen, schon mit dreieinhalb bis vier Jahren mit kleinen Hilfestellungen erfolgreich und voller Freude handarbeiten können.

Mit den Handarbeiten erreichen wir ruhige, zurückhaltende und lebhafte Kinder gleichermaßen.

Kinder sind offenherzig, ehrlich, gefühlvoll, spontan, eifrig. Es macht große Freude, Zeit mit ihnen zu verbringen. Auch darf man nicht vergessen: Die Kinder werden heute überflutet mit Fernsehen oder Computerspielen, sogar bereits im Kindergartenalter. Das Handarbeiten als Beschäftigung mit den Kleinen sorgt für ruhige Momente und ist eine schöne Alternative zu den neuen Medien. Und ganz nebenbei verbringen Eltern und Großeltern wieder mehr gemeinsame Zeit mit den Kindern.

Sebastians Mutter erzählt mir eines Tages aufgeregt vom Besuch beim Kinderarzt: Bei der Hauptuntersuchung vor einem halben Jahr war dieser noch mit der Feinmotorik des Vierjährigen unzufrieden gewesen. Kurz danach fing Sebastian das Handarbeiten in der Kita an und war immer mit Eifer und wachsendem Geschick bei der Sache. Einige Monate später kam Sebastians Mutter beim Anblick der fertigen Stickkarten und Bommeln ihres Sohnes aus dem Staunen nicht mehr heraus. Kurzerhand nahm sie die handgearbeiteten Dinge mit zum Kinderarzt.

Dieser war nun ebenfalls begeistert von den kleinen Werken und ist mittlerweile vollauf zufrieden mit Sebastians Fingerfertigkeit. Seine Worte: „Das ist genau das Richtige für die Kinder in diesem Alter. Ihre Feinmotorik wird geschult, und die Jungen und Mädchen motivieren sich auf wunderbare Weise selbst. Die bunten Bommeln und lustigen Stickkarten sind einfach ein großer Anreiz, mit dem Handarbeiten zu beginnen."

Tipps für das Handarbeiten mit Kindern

In diesem Buch finden Eltern, Großeltern, Tanten, aktive und künftige ErzieherInnen, PraktikantInnen und HelferInnen Anregungen, Tipps und altersgerechte Anleitungen für das Handarbeiten mit Kindern ab etwa 3 ½ Jahren. Damit auch alles gelingt, vorab von mir einige Tipps und Anregungen.

Tipps für zuhause

✎ Meistens braucht man anfangs nur Wolle, stumpfe Sticknadeln, Schere, Pappe, evtl. später auch Stoff und einen Stickrahmen.

✎ Vieles kann aus Pappe und Schuhkartondeckeln (Webrahmen) selbst hergestellt werden. Die Anleitungen dafür gibt's im Buch.

✎ Wollreste hat eigentlich jeder zuhause. Wenn nicht, lassen Sie sich welche spenden (von Tanten,

Großeltern oder – in der Kita – durch einen Aushang).

✎ Je nach Alter des Kindes beginnt man beim ersten Handarbeiten gern mit dem Wickeln einer Bommel. Dafür sind schon die kleinen Kinder zu begeistern, weil sie bald ihre fertige Bommel in den Händen halten können. Ältere Kinder kann man bereits mit dem Fingerstricken vertraut machen. Auch hier hat das Kind schnell ein Erfolgserlebnis.

✎ Wenn Kinder sich eine Handarbeit aussuchen, für die sie erfahrungsgemäß noch zu jung sind (z. B. das Stricken mit der Nadel), lasse ich sie es kurz ausprobieren. Meist merken sie schnell, dass es zu schwierig ist. „Wir versuchen es in ein paar Monaten noch einmal, dann klappt es bestimmt", sage ich zu ihnen – und hatte damit bisher immer recht.

✎ Mit anderen Kindern gemeinsam macht das Handarbeiten noch mehr Spaß. Gleichaltrige oder ältere Geschwister können mitma-

✎ Sorgen Sie für so wenig Ablenkung wie möglich. Radio oder Fernsehen nebenbei sind tabu. Was Sie aber machen können und auch sollten: Gedichte oder lustige Reime üben, Lieder singen oder sich einfach nur mit den Kindern unterhalten, über den Kindergarten oder darüber, was sie mit ihren handgearbeiteten Dingen später machen wollen.

✎ Abgeschnittene Wollreste sollte man nicht wegwerfen; man·kann sie noch prima als Füllmaterial verwenden, z. B. für Tiere oder Nadelkissen aus Filz (siehe S. 44).

chen – oder Sie laden Freund oder Freundin Ihres Kindes für einen „Wollzauber-Nachmittag" ein. (Es sollten anfangs aber nicht mehr als drei Kinder sein!)

✎ Suchen Sie sich eine ruhige Stunde des Tages aus, wenn Sie auch selbst keine Verpflichtungen haben und sich Zeit nehmen können.

Im Gegensatz zu den Eltern und anderen Erwachsenen fragen die Kinder nie, was sie mit ihren kleinen Werken machen können. Kleine Decken oder Kissen werden oft an die Mutter oder Großmutter verschenkt. Die mit den Fingern gestrickten Schals verwenden die Kinder als Seil, binden sie Puppen und Kuscheltieren um den Hals oder hängen sie als Girlanden in ihre Zimmer.

Beim Handarbeiten in der Kita habe ich einen „Werkzeug-Koffer". Er enthält:

- vorbereitete Stickkarten und Decken zum Sticken
- Stricknadeln
- 1 größere Schere
- Kämme für das Weben und
- meine Schachtel.
  Darin sind: Stticknadeln in verschiedenen Stärken auf einem Nadelkissen aus Filz, 2 kleine Scheren, 1 CD-Marker zum Beschriften der Stickdecken, Kugelschreiber.
  Die Kinder wissen: Diese Schachtel ist mein „Heiligtum" und darf nur von mir geöffnet und benutzt werden.

Bei der Farbzusammenstellung sind kleine Kinder sehr kreativ. Wir denken oft: „Ich hätte nie den Mut für diese Farbmischung!" Auch ich zucke manchmal zusammen und denke: „Ach du Schreck!", wenn mir das Kind die nächste Wolle reicht, aber dann fügt sich alles immer wieder wunderbar zusammen!

Auch zuhause können Eltern oder Großeltern eine Handarbeitskiste oder -truhe oder einen kleinen Koffer mit den Kindern zusammenstellen, der dann für das gemeinsame Arbeiten geöffnet wird. Das macht den Kindern Spaß!

✎ Man sollte die Kinder lediglich ein bisschen beraten, damit sie sich eine Wolle aussuchen, die für ihre nächste Handarbeit geeignet ist. Für das Sticken, Weben und Flechten darf fast jede Wolle genommen werden, da nur eine kleine Menge dafür gebraucht wird. Aber z. B. beim Fingerstricken oder Bommelwickeln wird viel Wolle benötigt. Dafür ist die besonders schöne Wolle zu schade, denn sie soll möglichst lange die Kinder erfreuen.

Tipps für Kindergärtner-Innen, ErzieherInnen und HelferInnen

✎ Am besten beginnt man mit zwei oder drei Kindern im Gruppenraum. Ich habe die Erfahrung gemacht, dass das den Kindern als auch einem selbst Vertrauen und Sicherheit gibt, zumal wenn man die Kinder noch nicht so gut kennt und nicht weiß, wie sie reagieren. Ein bis zwei Stunden pro Woche sind ein guter Anfang.

> ✎ **Tipp:** Ich achte sehr darauf, dass ich alle Kinder während der Handarbeitsstunde oft lobe und ermutige. „Wir kriegen das hin!" ist ein häufiger Satz von mir bei Anfangsschwierigkeiten, der wahre Wunder wirkt.

✎ In der Kita habe ich unseren großen Vorrat an gespendeter und gekaufter Wolle auf mehrere Körbe verteilt:

- ◉ 1 Korb mit dicker Wolle zum Weben und Seile flechten
- ◉ 1 Korb mit doppelt oder dreifach gewickelten Wollknäueln für die Bommeln
- ◉ 1 Korb mit normaler Wolle für das Fingerstricken, Stricken – eigentlich für alles
- ◉ 1 kleiner Korb mit Stickgarn für die Stickkarten
- ◉ 1 Korb mit besonders schöner Wolle, z. B. Glitzer-, Kuschel-, Fransenwolle oder Wolle mit mehreren Farben im Wollfaden zum Sticken, Flechten, Knüpfen und Weben

Man verliert sonst leicht den Überblick. Den Kindern erleichtert es das Aussuchen der Wolle, das sie übrigens mit viel Umsicht und Sorgfalt tun. Meist wissen sie genau, was ihnen gefällt.

✎ Am Beginn eines neuen Kindergartenjahres im September lege ich ein Heft an – für jedes Kind eine Seite. Dort trage ich mit Datum ein, was das Kind gehandarbeitet hat. Wenn eine Hand-

arbeit fertig ist, vermerke ich das auch, damit ich nicht unnötig danach suche.

✎ Die Kinder habe ich in Gruppen eingeteilt. So kann ich vor Beginn

Im letzten Sommer war ich mehrere Male zum Handarbeiten in einer anderen Kita. Mir fiel auf, dass die Kinder dort sehr ruhig und diszipliniert mitarbeiteten. Das erzählte ich etwas vorwurfsvoll meinen großen Vorschulkindern. „Die Kinder dort sind wirklich viel leiser als ihr, sie schreien nicht und können warten, bis ihnen geholfen wird!" Erst einmal Schweigen, dann sagte Isabell laut und triumphierend: „Das ist doch klar. Die Kinder kennen dich doch noch nicht. Die trauen sich bloß nicht, laut und frech zu sein!"

der Stunde ihre Handarbeiten mit Hilfe des Heftes (manchmal arbeiten sie an mehreren Sachen) heraussuchen und auf ihren Platz legen.

✎ Ich überlege mir dabei, wie ich die Kinder um den Tisch setze, z. B. nicht zwei unruhige Kinder nebeneinander. In die Mitte des Tisches

kommen Körbe mit Wolle. Zusätzliche Wollkörbe stehen bereit.

✎ Das Fingergestrickte, die Stricklieseln und das Strickzeug kommen bei mir mit der dazugehörigen Wolle in Beutel mit den Namen der Kinder. Die Stickrahmen sind geordnet nach den Vornamen der Kinder, die ich mit einem CD-Marker sichtbar auf den Rand des Stoffes schreibe.

✎ Bei den Webrahmen aus Schuhkartondeckeln werden die Namen

auf den Rand geschrieben und wieder durchgestrichen, wenn das Kind fertig ist. Ebenso mache ich es mit der Bommelpappe und den Stickkarten.

> ✎ **Tipp:** Die Kinder, die etwas Neues lernen, setze ich möglichst neben mich, damit ich besser helfen kann.
> Wenn es irgend möglich ist, vertröste ich die Kinder nicht auf später. Manchmal fragen sie sonst lange nicht mehr.

Miriam, mit der wir das Handarbeiten angefangen haben, konnte wunderbar für Ruhe in der Handarbeitsstunde sorgen. Sie zählte: „21, 22, 23" – und die Kinder waren still – zumindest für eine Weile. Ich habe da so meine Probleme.

✎ Zuhause verbringt man manche Stunde mit den kleinen Werken, vernäht Fäden, bügelt und bereitet neue Decken und Webrahmen vor. Die strahlenden Augen der Kinder, wenn sie ihre fertigen Handarbeiten in den Händen halten, sind immer wieder ein großer Lohn für die Helferin!

Die Vorschulkinder handarbeiteten im letzten Halbjahr getrennt voneinander – in einer Jungen- und einer Mädchengruppe. So hatte es sich zufällig ergeben, und den Kindern gefiel es. Vor allem die Jungen waren gern „unter sich" und kamen von da an fast alle regelmäßig. Manchmal kamen mir jedoch Zweifel, ob das „pädagogisch richtig" war ...

Bommeln

Bommeln selber machen – das schaffen schon die jüngsten Handarbeiter ab etwa dreieinhalb Jahren! Sicher nicht so perfekt wie die Vorschulkinder, aber es entstehen bereits richtig schöne Kunstwerke, auf die die Kleinen zu Recht stolz sind. Und für die Unregelmäßigkeiten beim Wickeln gibt es ja am Ende die Schere, die alles in Ordnung bringt.

Die Kinder schauen fasziniert zu, wie aus den vielen verschieden langen Fäden durch das Durchschneiden, Zusammenbinden und Abschneiden der zu langen Wollfäden ihre Bommeln entstehen.

Das Wickeln von Bommeln ist oft die erste Begegnung von Kindern mit Wolle. Am Anfang wickeln sie meist kreuz und quer über den Ring, manchmal hängen die Fäden beim Wickeln lang herab. Lassen Sie die Kinder aber trotzdem einfach weiterwickeln und machen Sie Mut. Es wird besser – versprochen! Einige Vorschulkinder sind wahre Meister im ordentlichen Wickeln.

Alter: ab ca. **3 ½** Jahre

〰〰〰〰〰〰〰〰〰〰〰〰〰〰〰〰〰〰

✂ Material:

- Pappe
- Zirkel oder passende Teller und Gläser
- Bleistift
- Schere
- Wollknäuel
- Wollreste
- reißfestes Garn (Baumwolle)

☛ Und so wird's gemacht:

1. Auf fester Pappe mit dem Zirkel oder mit Hilfe eines kleinen Tellers einen Kreis mit einem Durchmesser von ca. 18 cm aufzeichnen und ausschneiden. (Vorlagen siehe S. 96)

> ✎ **Tipp:** Die Pappscheibe kann vergrößert oder verkleinert werden, entsprechend werden die Bommeln größer oder kleiner.
> Je mehr die Pappscheibe umwickelt wird, umso dicker wird die Bommel.

2. Einen Innenkreis von ca. 9 cm Durchmesser zeichnen und ebenfalls ausschneiden.

3. Verschiedene Wollknäuel, die durch den Innenkreis passen, bereitstellen.

Falls keine vorhanden sind, können Wollknäuel selbst gewickelt werden, zum Beispiel aus mehreren Fäden in verschiedenen Farben – dann werden die Bommeln nicht nur bunter, sondern auch schneller fertig.

4. Das Kind hält die Pappe mit der linken Hand waagerecht über den Tisch und wickelt mit der rechten

Hand (Linkshänder andersherum): Dafür lässt es das Wollknäuel mit der rechten Hand nach innen in den Pappkreis fallen, holt es dann unter der Pappe wieder hindurch und zieht den Faden straff. Diesen Schritt immer wiederholen. Ein großer Vorteil bei dieser Methode:

> ✎ **Tipp:** Eine andere Möglichkeit für sehr kleine Kinder: Die Helferin oder der Helfer hält die Pappe fest und das Kind wickelt mit beiden Händen um die Pappe herum. Bald schafft das Kind es dann allein!

Das Knäuel fällt nicht so oft auf den Boden.
Lassen Sie das Kind selbst entscheiden, wann es das Knäuel wechselt: Faden abschneiden, das neue Knäuel an den Faden anbinden (festknoten) und weiterwickeln lassen.

5. Sobald die Pappe einmal dicht umwickelt ist, kann eine Bommel gebunden werden. Zuerst einen reißfesten Baumwollfaden abschneiden (ca. 30 bis 80 cm lang, je nach Lust, Laune und späterem Zweck).
Die umwickelte Pappe auf den Tisch legen und die Fäden am äußeren Rand mit einer möglichst

*5a

*5b

spitzen Schere durchschneiden, bis man auf die Pappe stößt. (*5a) Weiter am Rand entlang schneiden, bis alle Fäden durchtrennt sind. (*5b)

6. Die Fäden vorsichtig in der Mitte zusammenfassen (*6a) und langsam (sie dürfen nicht verrutschen) aus dem Pappkreis herausziehen. Die Wollfäden in der Hand glatt

*6a

*6b

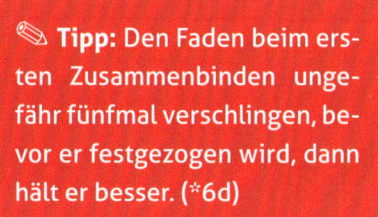

✏ **Tipp:** Den Faden beim ersten Zusammenbinden ungefähr fünfmal verschlingen, bevor er festgezogen wird, dann hält er besser. (*6d)

*7

*6c

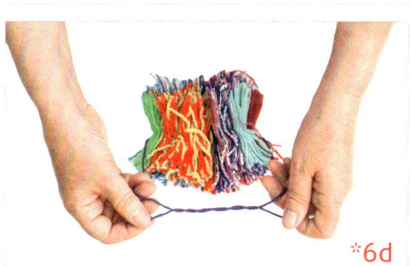

*6d

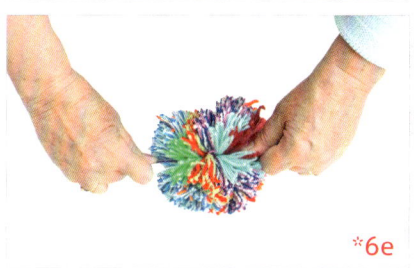

*6e

7. Bommel kräftig schütteln, damit sich die Fäden schön verteilen und eine Kugel entsteht. Dann die Bommel „zum Friseur schicken", d.h. mit der Schere in Form schneiden, überhängende Fäden oder Knoten abschneiden. (*7) Größere Kinder können das selbst machen.

zusammendrücken (*6b), mittig auf den vorbereiteten Baumwollfaden legen (*6c) und mit dem Faden dreimal fest zusammenbinden.(*6d + e)

Einige Wochen vor dem Schulanfang wollen vier Jungen stundenlang nur noch Bommeln wickeln. In den Monaten davor ist ihr Interesse am Handarbeiten eher mäßig gewesen. Aber jetzt arbeiten sie zu dritt oder viert im Eiltempo um die Wette. Ich komme kaum nach mit der Vorbereitung der Wolle und dem Zusammenbinden der Bommeln. Sie tun sehr geheimnisvoll, verraten aber schließlich: „Wir machen einen Bommelstand beim Sommerfest im Kindergarten und verkaufen die Bommeln an unsere Eltern!"
Das Sommerfest kommt, aber kein Bommelstand ist zu sehen. Vielleicht sind die Bommeln doch so schön gewesen, dass die Eltern sie behalten haben ...?

Bommeln sind prima

- 🖊 als Schmuck (z. B. vernäht mit Fingerstrickschläuchen (S. 72) als Haarband oder Kette)
- 🖊 zur Zimmerdekoration
- 🖊 zum Basteln von Tieren
- 🖊 zum Basteln von Bommel-Herzen, -Blumen, -Sternen usw. mit Fotokarton

Die Bommeln sind bei den Kindern bis ins Schulalter sehr beliebt. Ist in der Kita am Ende der Handarbeitsstunde noch Zeit, wird oft und gern schnell eine bunte Bommel gewickelt. Es wird gelacht, wenn ich beim Abschneiden der überhängenden Wollfäden sage: „Die Bommel muss jetzt noch zum Friseur". Die Kinder bekommen die fertige Bommel am Band um den Hals gehängt, kuscheln mit ihr und zeigen sie stolz den Freunden. Das spornt die anderen Kinder an.

Sticken mit Stickkarten (Ausnähkarten)

Das Sticken mit Stickkarten macht wegen der lustigen Bilder viel Spaß und ist gleichzeitig ein guter Einstieg in das Arbeiten mit dem Stickrahmen. Meinen Handarbeitskindern gefielen die bunten Stickkarten aus dicker Pappe sofort. Jedes Kind darf seine gestickte Karte behalten und mit nach Hause nehmen. Eigentlich „nähen" die Kinder. Aber „Sticken lernen" hört sich interessanter an!

Das Kind sucht sich seine Wolle aus, lernt die Nadel zu halten, bekommt ein Gefühl für das Nähen. Es versucht, abwechselnd einmal von oben und von unten in die Stickkarten zu stechen. Oft wird der Faden dabei über den Rand gezogen, weil das Kind nicht daran denkt, die Karte umzudrehen und dort weiterzusticken, wo der Faden ist. Das ist normal und passiert immer wieder. Übung macht den Meister!

Alter: ab ca. 4 Jahre

Material:

- Stickkarten
- dicke, spitze Nadel zum Ausstechen der Löcher
- stumpfe Sticknadel ohne Spitze (z. B. von Prym, Nadelstärke 16 oder 18)
- Stickgarn oder dünne Wolle
- Schere

Und so wird's gemacht:

1. Vor Beginn der Stickarbeit mit der dicken, spitzen Sticknadel die vorgegebenen Löcher in der Stickkarte ausstechen.

Tipp: Stickkarten (Ausnähkarten) kann man entweder kaufen (z.B. 50-Stück-Päckchen von Fa. Bringmann, www.folia.de) oder selbst aus dünner Pappe herstellen. Letztere können Sie bemalen und die Punkte zum Durchstechen vorgeben. Es gibt aber auch Vorlagen im Internet: Dann sollten Sie allerdings nur Pappe verwenden, die auch durch Ihren Drucker passt!

2. Das Kind sucht sich eine Karte und das erste Stickgarn aus.

Gekaufte Stickkarten sind prinzipiell für Kinder leichter zu handhaben, weil die Pappe dicker ist. Selbst hergestellte Karten werden aber genauso gern verwendet, das ist jedenfalls meine Erfahrung.

3. Einen sehr langen Faden in die stumpfe Sticknadel einfädeln. Beide Enden zusammenknoten.

4. Auf der Rückseite der Karte beginnen, mit der Nadel in eines der Löcher zur Vorderseite stechen und dann ins nächste Loch wieder zur Rückseite. Mit der Nadel den

Knoten „einfangen", mit der Nadel durch beide Fäden stechen. So wird der Faden festgehalten, das Kind kann mit der Arbeit beginnen.

> ✏️ **Tipp:** Bieten Sie am Anfang dem Kind nur Stickbilder mit einem einfachen Motiv an (z. B. Birne, Hund etc.), das nur rundherum gestickt werden muss. Schwierigere Motive (z. B. Fisch mit Flossen) sind für die Kinder manchmal verwirrend, vor allem in der zweiten Runde, wenn die Lücken gefüllt werden sollen. Auf der Rückseite der Karte verlieren sie dann den Überblick, wissen nicht, wo sie weitersticken sollen.

5. Das Kind sticht nun mit der Nadel die Reihen entlang abwechselnd einmal von oben und einmal von unten in die Stickkarte.
Dabei vergessen die Kinder anfangs oft, die Karte zu wenden, und ziehen dadurch den Faden über den Rand.

6. Hat das Kind einmal reihum gestickt, kann es nun eventuell in einer zweiten Runde mit einer anderen Farbe die entstandenen Lücken füllen.

Lassen Sie das Kind weiteres Stickgarn aussuchen, das zum Motiv der Karte passt.
Manche Kinder sticken weiter, andere haben keine Lust mehr, ihnen gefällt das Stickbild so, wie es ist.

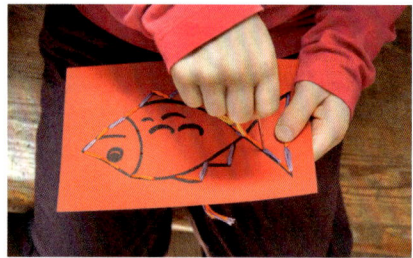

> ✏️ **Tipp:** Sagen Sie ab und an *„Immer dort weitersticken, wo der Faden ist"*. So kann man versuchen, das „Über-den-Rand-Sticken" zu verhindern. Gelingt es trotzdem nicht, kann man zurücksticken oder es einfach so lassen. Kleine Fehler dürfen schließlich sein!

7. Zum Schluss die Fäden auf der Rückseite vernähen oder zusammenbinden, damit sie halten. Manche der gekauften Stickbilder sind einfarbig und können von den Kindern auch ausgemalt werden.

In meiner Handarbeitsgruppe haben die Kinder immer voller Stolz das fertige Stickbild den anderen Kindern und den Erwachsenen gezeigt. Auch später, wenn die Kinder schon lange mit dem Stickrahmen (siehe nächstes Projekt, S. 30) vertraut sind, suchen sie sich gern ab und zu ein neues Stickbild aus.

An einem Nachmittag holt eine Mutter ihren gerade fünf Jahre alt gewordenen Sohn in der Kita ab. Im Hof kommt sie auf mich zu, ein fertiges Stickbild in der Hand. Strahlend sagt sie zu mir: „Dass Sie meinem Sohn das Sticken beibringen – ich fasse es nicht!" Im folgenden Kindergartenjahr ist Jens einer der eifrigsten und schnellsten jungen Handarbeiter.

Sticken mit dem Stickrahmen
Lesezeichen, kleine Decken und Kissen

Der nächste Schritt nach dem Sticken mit Stickkarten ist das Arbeiten mit dem Stickrahmen. Ich habe die Erfahrung gemacht, dass der Stickrahmen für die Kinder sehr reizvoll ist. Ihn in der Hand zu halten und „richtig sticken" zu dürfen, macht sie stolz, sie empfinden sich als „groß".

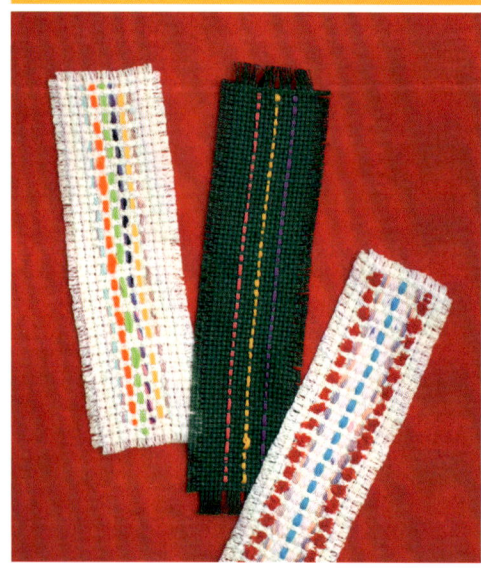

Alter: ab ca. **4** Jahre

〰〰〰〰〰〰〰〰〰〰〰〰〰〰〰

✄ Material:

- Stickrahmen mit einem Durchmesser von 18 bis 20 cm (größere Rahmen sind für die kleinen Hände eher ungeeignet)
- weißer oder naturfarbener Jutestoff (0,5 × 1,40 m – Kosten: ca. 3 Euro) oder anderer dicker, gerade gewebter Stoff
- dicke, stumpfe Sticknadeln
- verschiedene Wollfäden zum Aussuchen
- Schere

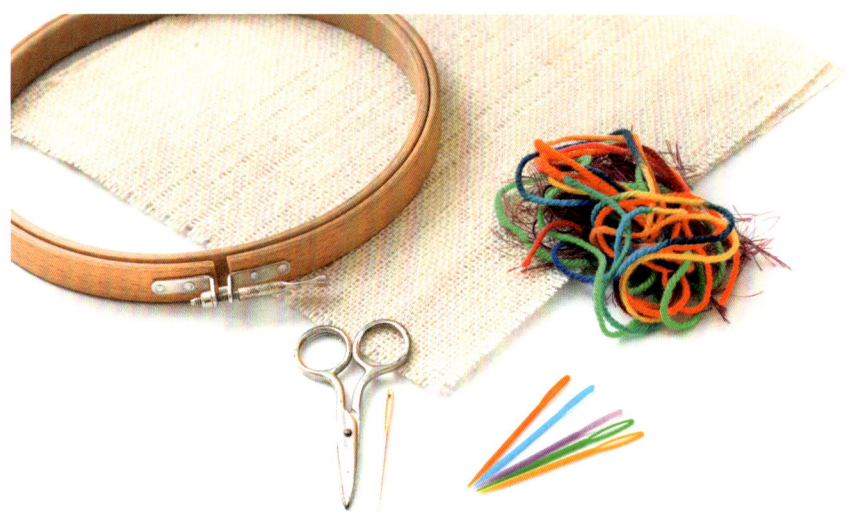

☛ Und so wird's gemacht:

1. Vierecke aus weißer oder naturfarbener Jute so zurechtschneiden, dass sie in den Stickrahmen passen. Für Stickrahmen mit einem Durchmesser von 18 cm am besten ein ca. 24 x 24 cm großes Stück zurechtschneiden. Für einen größeren Stickrahmen (20 cm Durchmesser) sollte es ein ca. 27 x 27 cm großes Stück Stoff sein.

2. Mit Hilfe einer Sticknadel sieben oder mehr Reihen in Abständen von ca. 1 cm aus dem Stoff ziehen, am besten von der Mitte des Stoffes nach beiden Seiten. So wird es gleichmäßig.

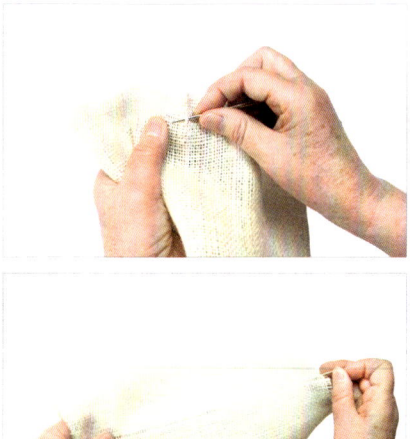

> ✎ **Tipp:** Es ist wichtig, dass der Stickrahmen einen breiten Rand (1,5 bis 2 cm) hat, sonst rutscht der Stoff schnell heraus. Ich habe mehrere Stickrahmen preiswert im Internet ersteigert. In der Kita reichen zwei oder drei Rahmen mit einem Durchmesser von 18 bis 20 cm. Im Gegensatz zum Webrahmen kann man den Stoff austauschen, wenn ein anderes Kind sticken möchte.

3. Den Stoff in den Stickrahmen spannen.

4. Das Kind sucht sich die Wolle aus, mit der es anfangen möchte. Einen Faden von etwa 60 cm Länge abschneiden, ihn in die Sticknadel fädeln und die beiden Enden zusammenknoten.

✎ **Tipp:** Die Kinder lieben es, selbst ihre Wolle auszusuchen. Das dauert manchmal etwas. Gönnen Sie sich und dem Kind die Zeit – schließlich soll das Kunstwerk hinterher allen gefallen!

5. Der nun doppelte Faden wird wie bei der Stickkarte mit der Nadel auf der Unterseite des Stickrahmens durch den Knoten gezogen (eingefangen) und wieder nach oben geführt.

6. Das Kind beginnt nun mit möglichst kleinen Stichen mit dem Sticken der ersten Reihe, dabei muss der Stickrahmen bei jedem Stich gewendet werden.

✎ **Tipp:** Das Kind stickt anfangs oft über den Rand, weil es vergisst, den Rahmen zu wenden. Wenn das passiert, einfach zurücksticken. Bei dem groben Jutestoff geht das recht gut.

Jedes Kind hat beim Sticken sein eigenes Tempo. Manche Kinder sticken ganz gleichmäßig und langsam Faden für Faden und schaffen eine Reihe in einer Stunde, andere sticken mit großen Stichen eher großzügig und schnell durch die Reihen.

7. Nach Beendigung einer Reihe den Faden auf der Rückseite etwas länger abschneiden. Das Kind sucht sich jetzt neue Wolle aus. Dann eine neue Reihe beginnen wie in Punkt 4 und 5 beschrieben.

Meine erste kleine Stickerin war die fünfjährige Juliane. Mit kurzen und langen Stichen stickte sie kreuz und quer über den Stickrahmen, von oben nach unten, von rechts nach links durcheinander. ‚So funktioniert das nicht‘, dachte ich und zog von da an immer vorher sieben oder mehr Reihen aus dem Stoff. So wissen die Kinder, wo sie entlangsticken sollen. Das klappt prima!

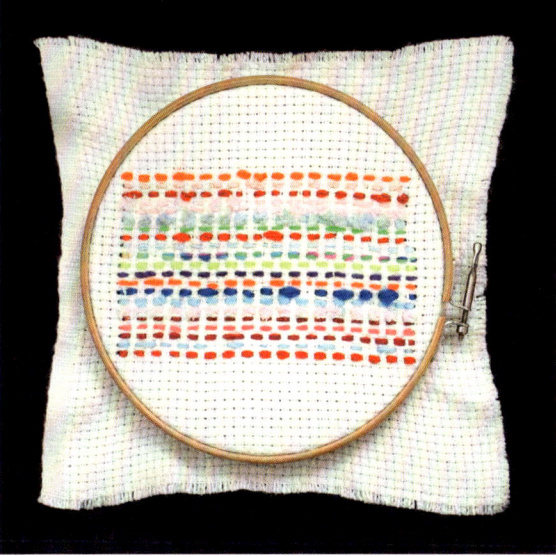

Tipp: Am besten jede neue Reihe auf der gleichen Höhe beginnen, damit das Gestickte hinterher möglichst gleichmäßig aussieht.

8. Sind alle Reihen gestickt, können die Fäden auf der Rückseite des Stoffes vernäht oder abgeschnitten werden. Das Vernähen braucht etwas Zeit.

Man kann **kleine Kissen, Decken oder Lesezeichen** aus dem bestickten Stoff zaubern.

Für eine **Decke** und ein **Lesezeichen** wird der Rand ringsherum gleichmäßig gerade abgeschnitten. Etwa vier Reihen (Decke) oder zwei Reihen (Lesezeichen) Fäden werden auf jeder Seite abgezogen. Das ist schnell gemacht und die „Fransen" sehen schön aus.

Marisa stickte Weihnachtsdecken in Windeseile. Kaum hatte ich einen neuen Faden vorbereitet, war sie schon wieder fertig mit der nächsten Reihe, so dass ich aufpassen musste, dass die anderen Handarbeiter nicht zu kurz kamen. Nach meiner Erinnerung stickte sie allein vier Decken als Geschenk für ihre Eltern und Großeltern!

Die **Kissen** bekommen bei mir eine Rückseite aus flauschigem Stoff. Dafür den Stoff bügeln, für die Rückseite in der gleichen Größe wie den bestickten Stoff zurechtschneiden und auf links zusammennähen. Als Füllmaterial kann man Bastelwatte oder Wollreste verwenden.

✎ **Tipp:** Ich kaufe preiswert kleine Kissen ohne Hülle 40×40 cm (ca. 2 Euro) im Kaufhaus. Aus der Polyesterfüllung ziehe ich mir die für das Kissen benötigte Menge heraus.

Wenn die Kinder ihre Arbeiten auf diese Weise wiederbekommen, strahlen sie voller Freude und drücken ihr Kuschelkissen an sich!

Im letzten Jahr waren doppelt so viele Mädchen wie Jungen in meiner Handarbeitsgruppe. Die Weihnachtsdecken wurden von allen Kindern zur gleichen Zeit gestickt. Fünf oder sechs Mädchen saßen an einem großen Tisch und stickten. Plötzlich fiel mir auf, dass eines der Mädchen den Stickrahmen nicht mehr wendete, sondern auf der Vorderseite mit der Sticknadel Faden für Faden wie eine Erwachsene durch den Stoff stach. „Schaut doch einmal, was Fiona macht!" rief ich voller Begeisterung. Die anderen Mädchen sahen sich das an ... und versuchten nun auf die gleiche Art zu sticken. Und es gelang!

Brief einer Mutter:

Liebe Tante Brigitte!

Als ich erfuhr, dass auch mein zweites Kind ein Junge würde, trauerte ich einen Nachmittag lang um Zöpfe, die ich nie flechten würde, Puppen, die nie herumliegen würden und auch um viele Basteleien, von denen ich glaubte, sie nie geschenkt zu bekommen. Abgesehen von den Zöpfen war dann alles anders, nicht zuletzt dank Ihnen. Sie können sich kaum meine Rührung angesichts des ersten Weihnachtsdeckchens von Linus vorstellen, das immer in Konkurrenz mit Arthurs Decke um den schönsten Platz unter der Weihnachtspyramide kämpft.

Was Sie aber mit Arthur fertiggebracht haben, ist dann ein noch größeres Wunder ...

Dazu muss ich sagen, dass ich mit Mühe und Not – nur rechts – Stricken gelernt habe.

Vielen Dank für Alles,

alles Gute und Liebe und bleiben Sie den Kindern erhalten,

Ihre „gute Seele" ist wichtig für den Kindergarten!

Nachtrag: Arthur war jahrelang ein großer „Fan" von mir, lernte früh alle Handarbeiten und war in seinem letzten Kindergartenjahr das erste „Strickkind" im Vorschulalter.

Flechten von Bändern

Der Anfang ist für die jüngeren Kinder nicht einfach. Das Zusammenspiel von Augen und Händen erfordert große Aufmerksamkeit und Geduld von den Kindern – aber auch von Ihnen! Das erste geflochtene Band habe ich Katharina in die Haare geflochten und den Zopf mit einem langen, roten, glit-zernden Wollfaden zusammengebunden. Katharina schaute in den Spiegel, konnte sich an ihrem Spiegelbild gar nicht satt sehen und sagte beglückt: „Das sieht ja traumhaft aus ...!"

Auch für Jungen ist das Flechten eine gute Übung, um die Geschick-lichkeit ihrer Hände zu verbessern. Nun haben Jungs natürlich weniger Interesse an bunten Haarbändern, dafür nehmen sie dickere Wolle und flechten damit „Seile", die sie als „Lassos" durch die Luft wirbeln oder sich wie Indianer um den Kopf binden.

Alter: ab ca. **4** Jahre

✂ Material:
- Wolle
- ein Korb mit Löchern zum Anbinden der Fäden
- Schere

☛ Und so wird's gemacht:

1. Das Kind sucht sich drei (möglichst verschiedenfarbige) Wollfäden aus und bestimmt die Länge (am Anfang sollten es mindestens 30 cm sein).

> **✎ Tipp:** Kleine Merksprüche sind sehr hilfreich. „Das rote Band zur Mitte, das blaue Band zur Mitte, das gelbe Band zur Mitte", usw. Oder: „Von rechts zur Mitte, von links zur Mitte". So lernen Kinder auch gleich nebenbei, wo rechts und links ist. Die Schwierigkeit für die Kinder ist die ständig neu gebildete, hin- und herwandernde „Mitte".

2. Die Fäden miteinander verknoten.

3. Einen Korb mit Öffnungen auf den Tisch stellen. Das verknotete Ende des Fadens durch eine Öffnung des Korbes von außen nach innen schieben und hochziehen. Das andere Ende der drei Fäden unterhalb des Knotens durch die Fäden schieben und alles festziehen. (Wenn das Flechten beendet wird, lässt sich mit dieser Art der Befestigung das Band leicht wieder herausziehen.)

4. Die drei Wollfäden weit auseinander (in großem Abstand) auf den Tisch legen.

5. Das Kind setzt sich in einem entsprechenden Abstand (ca. 30 cm) davor.

6. Jetzt dem Kind ein paar Mal zeigen, wie es funktioniert: Immer abwechselnd den rechten und den linken Faden über den Faden in der Mitte legen.

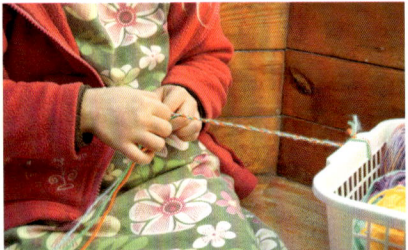

7. In der Regel entsteht ein eher lockeres Geflecht. Entweder so lassen oder zwischendurch immer mal wieder das Geflochtene vorsichtig zusammenziehen.

8. Ist das Kind am Ende angekommen, das geflochtene Band zusammenknoten und aus dem Korb ziehen. Dann den Anfang neu verknoten und die beiden Enden kurz abschneiden.

> ✎ **Tipp:** Ab und an sollten Sie selbst ein wenig flechten, damit das Band Halt bekommt.

9. Bald lernen die Kinder das feine, enge Flechten mit den Fingern. Sie schauen gern den anderen Kindern zu, und ich zeige ihnen, wie sie die Fäden festziehen sollen. Dann geschieht das Wunder: sie schaffen das richtige Flechten und werden bald kleine Meister darin!

> ✎ **Tipp:** Wenn die Kinder das enge Flechten mit langen Fäden üben, müssen sie die Fäden zwischendurch immer wieder nach unten auseinander streichen. Sonst entsteht unterhalb des bisher Geflochtenen ein zweites ungewolltes Geflecht, das sich manchmal nur schwer entwirren lässt.

Lena, 3 Jahre alt, lernt flechten. Es ist die Zeit der Frauen-Fußball-weltmeisterschaft. Sie sucht sich schwarze, rote und gelbe Wolle aus – Zufall? Ich erkläre ihr, dass das die Farben der deutschen Fahne sind. Sie fängt eifrig an zu flechten. Als sie fertig ist, binde ich ihr das schwarz-rot-gelbe Band in die Haare. Stunden später zeigt sie das Band ihrer Mutter und ich höre Lena im Nebenraum sagen: „Mama, schau, ich bin ein deutsches Fußballmädchen!"

Das Flechten ist vor allem bei den Mädchen sehr beliebt. „Brigitte, kann ich flechten?" werde ich immer wieder gefragt. Das längste Band war etwa 1,50 Meter lang: Sophia stand in einer Ecke des Raumes – weit entfernt vom Tisch, wo die Wollfäden am Korb angebunden waren.

✎ **Tipp:** Auch eine hübsche Idee: In der Adventszeit haben die Vorschulkinder Stiftehalter aus Pappe mit ihren geflochtenen oder gedrehten Bändern beklebt.

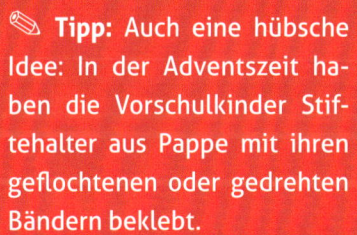

Knüpfsterne für Freundschaftsbänder

Eines Tages zeigte mir eine Freundin, die in einer anderen Kita und im Hort mit Kindern Handarbeiten macht, einen Knüpfstern aus Pappe. „Kita-Kinder können das auch schon. Daraus entstehen richtig schöne Freundschaftsbänder", erklärte sie.

Das nächste Mal brachte ich einige vorbereitete Knüpfsterne mit. Die Kinder waren von der Idee, Freundschaftsbänder zu knüpfen, sofort begeistert. Auch die vierjährigen Kinder trauten sich, zählten leise „eins, zwei, drei" und zogen die Fäden richtig von einem Einschnitt zum nächsten. Dabei merkte ich, dass ein Mädchen noch kleine Probleme mit dem Zählen hatte.

Bald saßen die Kinder mit ihren Knüpfsternen um den runden Tisch und arbeiteten um die Wette. Vergnügt stellten sie fest, dass die Sterne mit den lang herabhängenden bunten Wollfäden aussahen wie Feuerquallen.

Ach ja: Auch das Vergleichen „Wie weit bist du schon?" fängt schon früh an!

Alter: ab ca. **4** Jahre

✂ Material:
- Karton
- Vorlage 8-eckiger Stern (siehe S. 97)
- Bleistift
- Schere
- dicke, spitze Sticknadel, Stricknadel, evtl. Nagelschere oder Holzspieß
- verschiedene bunte Garne und Wollreste (nicht zu dick)

👉 Und so wird's gemacht:

1. Die Vorlage für den Stern (siehe S. 97) auf den Karton legen, mit dem Bleistift umfahren und ausschneiden.

2. Die acht Innenspitzen senkrecht ca. 1 cm tief einschneiden, dabei den Einschnitt leicht vergrößern (siehe Vorlage, S. 97).

3. In die Mitte der Pappe mit der spitzen Sticknadel ein Loch stechen und vergrößern (z. B. mit einer Stricknadel).

4. Das Kind kann jetzt Garn in 7 verschiedenen Farben aussuchen. Es können natürlich auch Farben doppelt verwendet werden.

5. Die 7 Fäden auf eine gleiche Länge von ca. 40 cm zuschneiden, einzeln oder zu mehreren in die dicke Sticknadel einfädeln, durch das vorbereitete Loch in der Mitte der Pappe ziehen. Zum Schluss alle Fäden auf der Rückseite verknoten. Die Fäden müssen fest im Loch stecken und dürfen nicht herausrutschen.

> ✏ **Tipp:** Sollten die Fäden nicht durch das Loch passen, dieses mit der Nagelschere oder einem Holzspieß vergrößern. Ist das Loch etwas zu groß, einen zweiten Knoten binden.

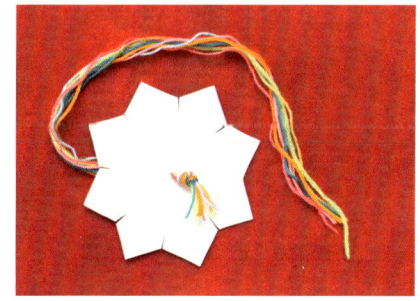

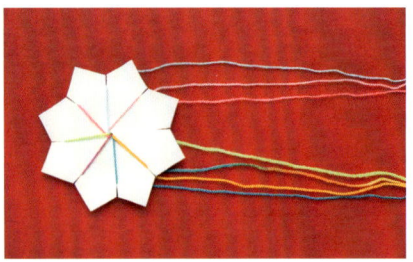

9. Nach einiger Zeit entsteht auf der Rückseite ein kleines Band. An diesem sollte immer mal wieder leicht gezogen werden, damit die Fäden auf der Vorderseite wieder straffer durch die Einschnitte laufen und der Erfolg begutachtet werden kann.

6. Auf der Vorderseite die aus dem Loch herausragenden Fäden relativ fest gespannt in 7 der 8 Einschnitte stecken.

10. Ist das Band lang genug, die Fäden aus dem Loch herausziehen, verknoten und überschüssige Fäden abschneiden.

7. Das Kind sollte den Stern mit der linken Hand vor dem Oberkörper halten und dabei so drehen, dass der leere Einschnitt (ohne Faden) zum Kind zeigt.

8. Nun wiederholt das Kind ständig die beiden folgenden Arbeitsschritte:
Erst wird rechts vom leeren Einschnitt nach oben gezählt – 1, 2, 3 – dieser dritte Faden aus dem Einschnitt gelöst, im Uhrzeigersinn nach unten geführt und in den leeren Einschnitt gesteckt.
Dann wird der Stern immer im Uhrzeigersinn drei Einschnitte weiter gedreht, bis der leere Einschnitt wieder unten ist.

> ✎ **Tipp:** Zeigen Sie mit dem Finger die Richtung an, in die gedreht werden soll.

> ✎ **Tipp:** Da sich die herunterhängenden Fäden leicht verheddern, zwischendurch die Fäden mit den Fingern wie mit einem Kamm von den Kindern entwirren lassen.

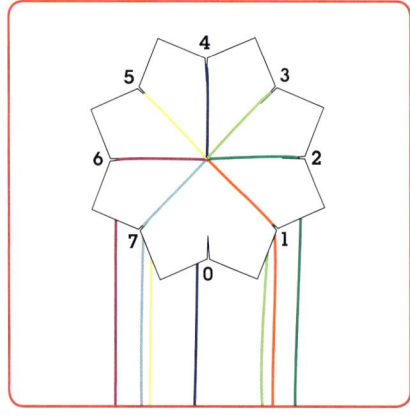

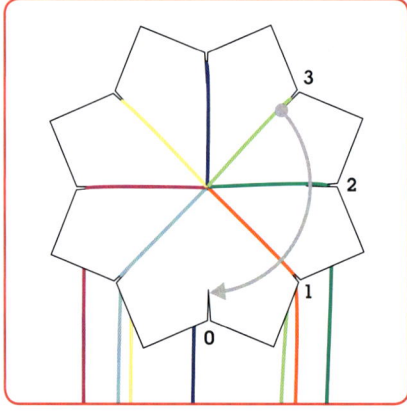

Der fünfjährige Jens wollte bei seinem ersten Knüpfversuch nicht mehr aufhören. Das Band unter seinem Knüpfstern wuchs rasend schnell. Die Mittagsruhe begann. Jens durfte ausnahmsweise weitermachen – es waren Ferien, da geht es in der Kita etwas lockerer zu. Es wurde ein sehr langes Band. Er hätte damit zwei Arme zusammenbinden können. In der nächsten Handarbeitsstunde schaute ich ihm zu. „Er dreht den Stern ja gar nicht wie die anderen Kinder", bemerkte ich mit Erstaunen. Tatsächlich: Jens überblickte die acht Einschnitte und wusste, ohne zu zählen, wo er die Fäden hineinziehen musste. Da hätten selbst wir Erwachsenen unsere Probleme, würden vielleicht den Überblick verlieren. Ich war sprachlos und lobte ihn über die Maßen. Mir war schon oft aufgefallen, dass er sehr gut rechnen kann, auch mit hohen Zahlen. Ob diese Begabung eine Erklärung für seine schnelle Art zu knüpfen war?

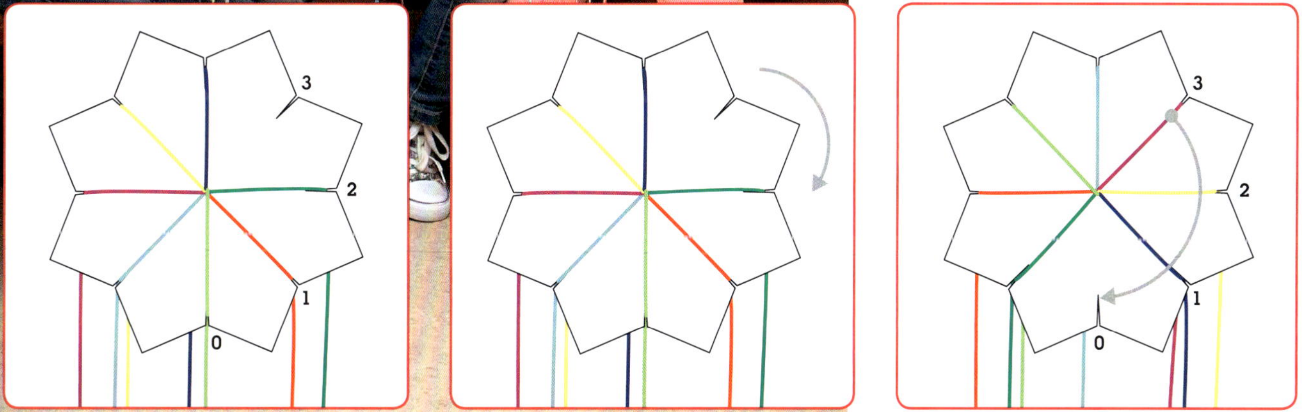

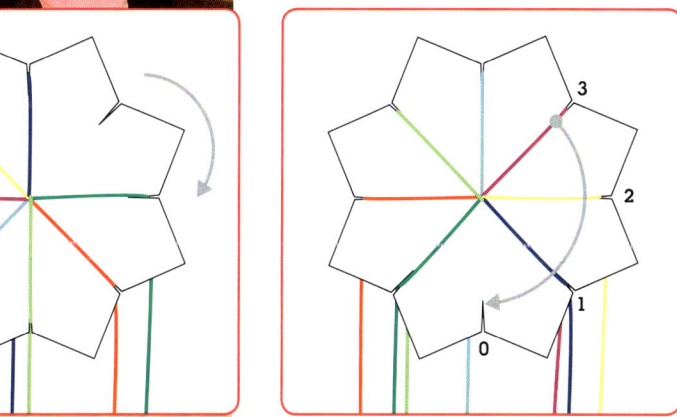

• • •

Kuscheltiere und andere schöne Dinge aus Filz

Filztiere werden von Mädchen und Jungen geliebt! Und sie können mit wenig Aufwand – und ein bisschen Unterstützung – von den Kindern selbst gemacht werden. Die Auswahl an Schnittmustern für die Kuscheltiere ist groß, da ist garantiert für jeden kleinen Handarbeiter etwas dabei.

Alter: ab ca. **4** Jahre

✂ Material:

- bunte, dünne Filzplatten oder Filz-Meterware
- Schnittmuster Kuscheltier (Vorlagen S. 98–101)
- Filzstift (Kugelschreiber oder Bleistift)
- Lochzange
- Stecknadeln
- Nähnadel
- Reihgarn
- Schere
- Sicherheitsnadeln
- Stickgarn, Wolle
- stumpfe Sticknadel
- „Zauberwatte" (Schafwolle, Bastelvlies o.ä.) zum Ausstopfen

👉 Und so wird's gemacht:

1. Schnittmuster (S. 98–101) auf doppelt gelegtem Filz mit Stecknadeln feststecken und Konturen mit Stift auf Filz übertragen. Schnittmuster entfernen und Filz mit einem Reihfaden heften oder mit Sicherheitsnadeln zusammenhalten, um Verrutschen zu verhindern.

> ✏ **Tipp:** Die Schnittmuster sind unter anderem im Internet als Download abrufbar: z.B. im Labbé-Shop (www.shop.labbe.de). Man kann die Schnittmuster um ein Viertel verkleinern – das spart Filz und die Tiere werden groß genug.

2. Das aufgezeichnete Motiv an der Linie entlang schneiden.

3. In ca. 1 cm Abstand von der Kante in regelmäßigem Abstand (ebenfalls ca. 1 cm) Punkte mit dem Stift auf dem Filz markieren. Sie kennzeichnen die Einstichstellen für die spätere Naht. Es sollte immer eine gerade Anzahl von Punkten sein.

4. An jedem markierten Punkt mit dem kleinsten Loch der Lochzange ein Loch durch beide Filzplatten schlagen. **Oder – so geht es schnel-**

✎ **Tipp:** Beim Ausstopfen sind die Kinder meistens begeistert bei der Sache. Helfen Sie z. B. beim Stopfen von kleinen Körperteilen wie Ohren, Beinen, Schnauzen usw. Hier erleichtern Bleistifte, Häkelnadeln oder dicke Sticknadeln die Arbeit, mit denen das Füllmaterial besser verteilt werden kann.

ler – das mit den Stecknadeln befestigte Schnittmuster auch zum Lochen auf dem ausgeschnittenen Filzobjekt belassen und die Löcher mit der Lochzange durch das Papier und den Filz schlagen.

5. Das Kind sucht sich die Farbe des Garns aus, mit dem es das Tier zusammennähen möchte. Der Faden wird in eine stumpfe Sticknadel gefädelt, am Nadelöhr einmal und am Ende mehrmals verknotet.

6. Jetzt kann das Kind mit dem einfachen Heftstich (vorher ein paar Mal zeigen!) durch die vorbereiteten Löcher das Tier zusammennähen. Wichtig: Eine Öffnung

von ca. 8 bis 10 cm für das spätere Ausstopfen freilassen, am besten vorher markieren.

Dann wird in umgekehrter Richtung wieder mit dem Heftstich genäht, so dass eine Naht wie beim Steppstich entsteht. Am Ende wird

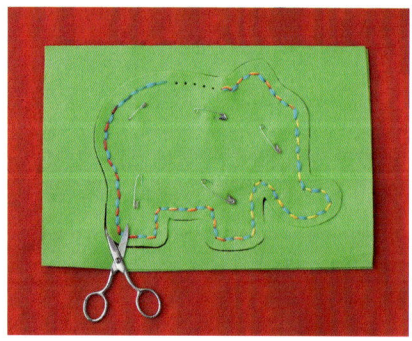

der Faden verknotet (in der Regel müssen Sie hier noch ein wenig helfen).

7. Nun kann das Tier durch die Öffnung mit Füllmaterial ausgestopft werden.

8. Wenn das Tier ausgestopft ist, die Öffnung mit dem Heftstich vorwärts und rückwärts schließen (können geschickte Kinder schon selbst tun), den Faden verknoten und alle noch heraushängenden Fäden in das Innere des Tieres vernähen.

✎ **Tipp:** Es können z. B. noch Augen aus Knöpfen oder Schwänze aus geflochtenen Bändern (Flechten: siehe S. 36) angenäht werden.

✎ **Tipp:** Je nach Anlass oder Jahreszeit können auch Herzen (Muttertag), Sterne (Weihnachten) und Ostereier als Nadelkissen oder andere Dinge angefertigt werden.

Traumfänger

„Ich habe einen Traumfänger über dem Bett, aber er hilft manchmal nicht ..." (Charlotte, 5 Jahre)

Trotzdem – die Hoffnung bleibt. Der Legende nach verfangen sich alle Albträume im Netz des Traumfängers, wo sie am Morgen von der aufgehenden Sonne aufgelöst werden. Nur die guten, schönen Träume fallen hindurch und schweben federleicht auf den Schlafenden.

Nach dem Vorbild der Indianer fertigten wir anfangs in unserer Handarbeitsstunde kleine Traumfänger aus Kastanien mit Zahnstochern, umwickelt mit bunter Wolle wie ein Spinnennetz. Allerdings eine wackelige Sache, denn die Kastanien trockneten, die Stäbe verloren den Halt. Was tun? Schnell kam mir die Idee, unsere Traumfänger aus kleinen Wollknäueln und drei Schaschlikstäben herzustellen.

Alter: ab ca. **4** Jahre

✂ **Material:**

● Wollrest
● schöne Wolle,
  z. B. Glitzerwolle
● 3 Schaschlikstäbe
● Wollnadel oder dicke
  Stopfnadel
● bunte Federn
● Perlen

☛ **Und so wird's gemacht:**

1. Mit einem Wollrest ein kleines Wollknäuel von 3 bis 4 cm Durchmesser aufwickeln. Den Faden nicht abschneiden.

2. Die drei Schaschlikstäbe durch das Wollknäuel schieben und die Spitzen so abschneiden, dass jeder der 6 Holzstäbe etwa 8 cm lang ist.

3. Mit dem Faden vom Wollknäuel einen der Holzstäbe locker umwickeln – einmal nach oben und zurück. Dann den Faden zum nächsten Holzstab führen und ebenso

umwickeln usw. So bekommt der Faden Halt, wenn das Kind anschließend die Stäbe mit schöner Wolle umwickelt. Den Faden abschneiden und zum Befestigen mit der Wollnadel mehrmals durch das Wollknäuel stechen. (*1)

*1

4. Das Kind sucht sich eine schöne Wolle aus. Sie wird in der Mitte an einem der Stäbe festgebunden. Das Kind wickelt den Faden zweimal um den nächsten Holzstab, führt den Faden zum nächsten Stab – wickelt weiter zweimal und dann rundherum immer von einem Stab zum nächsten Stab. Der Traumfänger entsteht und sieht bald aus wie ein Spinnennetz. Wenn das Kind es wünscht, kann eine neue Wolle angeknotet und damit weiter gewickelt werden bis zum Ende der Holzstäbe.
Der Wollfaden wird am letzten Holzstab fest verknotet und kann zum Aufhängen des Traumfängers verwendet werden. Der Traumfänger soll frei schweben und sich drehen können.

5. Das Kind sucht sich einen oder zwei Wollfäden, Federn und Perlen aus. Die Fäden werden unten am Traumfänger so befestigt, dass verschieden lange Enden herunterhängen. Daran kommen die Federn und Perlen. Weitere Federn können auch in das Spinnennetz gesteckt werden ...

Weben von Webbildern

Das Weben von Webbildern ist eine schöne Arbeit, bei der die verschiedensten Muster bzw. Bilder entstehen und Kinder ihrer Kreativität freien Lauf lassen können.

Nach etwa einem Jahr Handarbeiten in der Kita versuchte ich, die Kinder für das Weben zu begeistern. Doch ich merkte bald, dass die Arbeit mit dem rechteckigen

Holz-Webrahmen zu mühsam war. Die Jungen und Mädchen kamen mit dem dazugehörigen Webschiffchen nicht zurecht, auch die Abstände zwischen den einzelnen Spannfäden waren zu klein.

Wie so oft kam mir eine zufällige Entdeckung zu Hilfe: Eine Freundin gestaltete im Urlaub Webbilder mit Schafwolle. Dafür sammelte sie von der Sonne gebleichte Stöcke, band sie zu einem Drei- oder Viereck zusammen und webte mit der Wolle auch trockene Pflanzen, Blätter, Muscheln hinein.

Nach diesem Vorbild habe ich ebenfalls Webrahmen gebaut und darin Wollfäden gespannt. Die Kinder wählten aus dem Korb mit der dicken Wolle ihre Wunschfarben aus und arbeiteten mit den Fingern statt mit einem Schiffchen. Die so entstandenen Webbilder verschönerten die Mädchen und Jungen mit bunten Federn, Perlen usw. Seitdem bastele ich diese Webrahmen und die Webrahmen aus Schuhkartondeckeln (siehe Projekte S. 84 und 90) nur noch selbst.

Alter: ab ca. **5** Jahre

/\/\/\/\/\/\/\/\/\/\/\/\/\/\/\/\/\

✂ Material:

- Wolle
- dicke, stumpfe Wollnadel (z.B. von der Firma Prym)
- getrocknete kurze Holzstöcke (ab 0,5 cm Durchmesser)
- grüner Blumendraht
- Seitenschneider oder Schere für das Abschneiden des Drahtes
- Gartenschere
- evtl. Webkamm (Kamm mit groben Zinken)

☞ Und so wird's gemacht:

1. Für den Webrahmen mit der Gartenschere 4 passende Holzstöcke von mindestens 20 bis 25 cm Länge zurechtschneiden.
Die Stöcke als Viereck auf den Tisch legen (zuerst die Stöcke rechts und links, darauf dann die beiden Stöcke oben und unten).

> ✎ **Tipp:** Auf keinen Fall frisch geschnittene Zweige verwenden, da sie beim Trocknen schrumpfen. Der Rahmen wird locker und muss immer wieder neu festgezogen werden.

2. Die Ecken dann mehrfach, etwa vier- bis fünfmal, über Kreuz in beide Richtungen fest mit Blumendraht umwickeln. Das erfordert Kraft, damit der Rahmen hält.

3. Die Stöcke an den Enden mit der Gartenschere gleichmäßig zu-

> ✎ **Tipp:** Beim Zusammenbinden sind der Fantasie keine Grenzen gesetzt. Man kann die Rahmen als Viereck mit zwei kürzeren und zwei längeren Zweigen zusammenbinden oder verschieben.

schneiden. Die Drahtenden sollte man mit dem Seitenschneider oder der Schere zum Stock hin nach innen biegen, damit sich das Kind nicht daran verletzen kann.

4. Den Rahmen jetzt mit reißfester Wolle bespannen (die Wollfäden verlaufen senkrecht). Dafür den Anfang des Wollfadens links am unteren Stock verknoten, stramm nach oben ziehen und um den oberen Stock zweimal von vorn nach hinten etwas schräg wickeln. Den Faden im Abstand von etwa 1 cm nach unten ziehen und um den unteren Stock zweimal schräg wickeln. Auf diese Weise bis zur

rechten Seite des Rahmens arbeiten. (Die von unten nach oben gezogenen Wollfäden liegen vorn, die von oben nach unten gespannten Fäden hinten.)
Am Schluss den Faden mehrmals um den Stock schlingen und fest verknoten.

5. Das Kind kann sich nun die Wolle aussuchen. Der Wollfaden sollte ungefähr 1,50 m lang sein (er

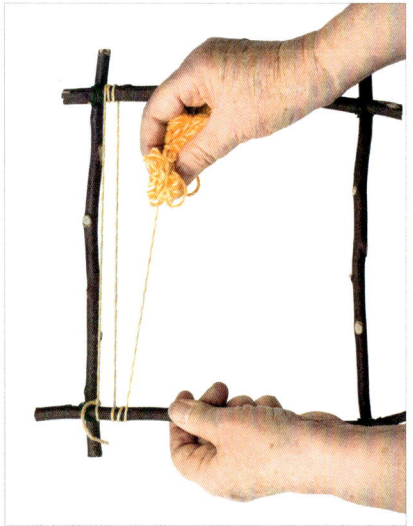

wird doppelt gefasst). Man schlingt den Faden um den rechten Stock und verknotet die beiden Enden miteinander.

6. Das Kind nimmt den Knoten in die rechte Hand und führt den Faden mithilfe beider Hände – einmal darüber, einmal darunter – durch die gespannten Wollfäden. Wenn eine Reihe beendet ist, wird sie nach unten zum Stock geschoben. Der Faden wird um den linken Stock geschlungen und die nächste Reihe begonnen. Das Kind webt auf diese Weise hin und her, bis der Faden zu Ende ist. Dabei muss darauf geachtet werden, dass der

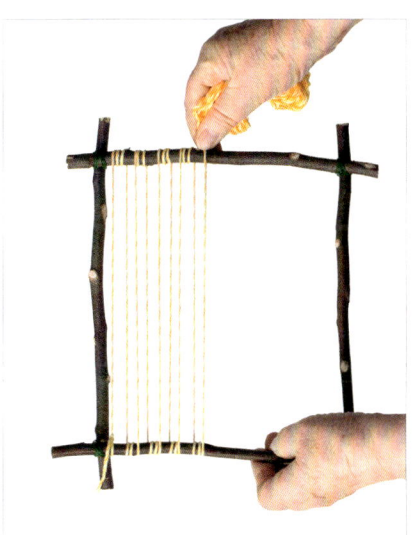

Faden in der nächsten Reihe möglichst genau entgegengesetzt durch die gespannten Wollfäden geführt wird (einmal darunter, einmal darüber).

Die meisten Kinder weben ausgesprochen gern, aber für einige Kinder ist die Arbeit mühsam. Ich erinnere mich, wie Paula mir ab und zu frustriert ihren Webrahmen hinwarf und fragte: „Brigitte, machst du weiter?" Ich webte dann eine Reihe, sie war versöhnt und machte sich wieder ans Werk. Nach Wochen war die letzte Reihe geschafft, Paula legte ihren rot-golden gewebten Rahmen auf den Tisch, atmete tief aus und sagte: „Jetzt bin ich aber richtig stolz auf mich!"

✏ **Tipp:** Am Anfang und Ende der neuen Reihen muss man oft helfen, damit das Kind nicht zweimal oder gar mehrmals genauso wie in der vorherigen Reihe webt. Weben Sie notfalls ab und zu mal eine Reihe richtig, das bringt wieder Ordnung in das Gewebte.

7. Ist der Faden zu Ende, wird ein neuer langer Faden durch den Knoten des ersten Fadens gezogen und beide Enden wieder verknotet. Die Knoten vom Wollwechsel werden auf die untere Seite des Gewebten geschoben. So kann das Kind immer weiter mit den neuen Wollfäden weben.

8. Zwischendurch wird das Gewebte mit den Fingern oder einem groben Kamm nach unten geschoben, damit es schön dicht wird. (Der Webkamm ist immer heiß begehrt und hart umkämpft bei den webenden Kindern – warum auch immer!)

9. Ziehen Sie zum Schluss evtl. die Fäden von den Knoten mit einer dicken Nadel in das Gewebte hinein und befestigen Sie am Webbild ein Band zum Aufhängen.

> ✎ **Tipp:** Der Abstand zwischen dem Gewebten und dem oberen Stock wird am Ende sehr klein. Die letzten Reihen können die Kinder mit einer dicken Nadel weben, oder man nimmt ihnen diese Arbeit ab.

> ✎ **Tipp:** Die Kinder verzieren ihr kleines Kunstwerk gern mit Schmuck! Perlen, Federn, Knöpfe – fast alles eignet sich. Ich erinnere mich noch, dass Miriam an jeder Ecke ihres Webbildes ein geflochtenes Band befestigte – fertig war eine kleine Hängematte für ihre Puppe!

Strickliesel

Wir Erwachsenen erinnern uns sicher noch an das Arbeiten mit der Strickliesel in unserer Kindheit. Die Älteren benutzten zum Stricken eine mit vier Nägeln bestückte große Garnrolle. Heute gibt es reizvolle Strickliesel in Form von Pilzen, Käfern usw. mit vier Häkchen. Im Kaufhaus entdeckte ich neulich eine größere Strickliesel aus transparentem Material mit acht Häkchen. Diese ist bei den geschickten Kindern sehr beliebt.

In der Kita waren immer mehrere Stickliseln vorhanden. Erste Versuche der Kinder endeten aber oft in Verzweiflung über die kleinen Maschen und das langsame Vorankommen. Doch ich habe die Erfahrung gemacht, dass in den letzten Monaten vor dem Schulanfang die Kinder sehr gut mit der Strickliesel zurechtkommen. Und was ich auch gesehen habe: Wenn ein Kind damit anfängt, spornt das die anderen Kinder an. Vier oder gar fünf Strickliseln waren schon gleichzeitig im Einsatz!

Alter: ab ca. **5 ½** bis **6** Jahre

✂ **Material:**

- Strickliesel (gibt es in verschiedenen Ausführungen und mit 4 oder 8 Häkchen)
- dicke, spitze Nadel (ist bei einer gekauften Strickliesel dabei)
- dicke Sticknadel
- dünne Wolle (Wolle, die die Farbe im Faden wechselt, ist besonders geeignet) oder ein einfacher Baumwollfaden

Tipp: Die Häkchen der Strickliesel habe ich vorsichtig mit einem Seitenschneider etwas nach außen gebogen. So rutschen die Maschen nicht so leicht herunter beim Stricken.

☛ **Und so wird's gemacht:**

1. Das Kind sucht sich ein schönes Wollknäuel aus.

2. Der Anfang des Fadens wird durch eine dicke Sticknadel oder durch die lange Nadel mit der Öse gezogen, die bei manchen Stricklieseln dazugehört.

Tipp: Baumwolle eignet sich besonders gut für das erste Stricken mit der Strickliesel, da der glatte, feste Faden nicht so leicht verrutscht. Wenn die Technik beherrscht wird, ist jede Wolle geeignet, die nicht zu dick ist.

3. Die Nadel mit dem Faden lässt man von oben durch die Öffnung der Strickliesel fallen. Der Wollfaden sollte ca. 10 cm unten heraushängen.

4. Der Faden oben wird in Schlingen um die Häkchen gelegt.

5. Am ersten Häkchen beginnen und den Faden über die Maschen legen: Mit der Nadel von oben in die Masche stechen, sie nach vorn ziehen und über das Häkchen nach hinten heben.

6. Das Kind lernt, den Faden oberhalb der Maschen entlangzufüh-

✎ **Tipp:** Stricken Sie einige Runden, bevor das Kind selbst mit dem Stricken beginnt. So bekommen die Maschen Halt. Dabei können Sie dem Kind das Stricken mehrmals zeigen.

Tipp: Dass aus Versehen alle Maschen abgehoben werden, passiert schon mal. Da sind dann Sie gefragt: Es müssen wieder alle Maschen einzeln auf die Häkchen gesetzt werden, damit das Kind weitermachen kann.

Ein anderer häufiger Fehler beim Stricken mit der Strickliesel: Das Kind sticht in die Wolle und hebt nur einen Teil des Fadens über das Häkchen. Der Rest des Fadens bleibt am Häkchen hängen. Nach einiger Zeit merkt das Kind, dass sich das Gestrickte nicht mehr weiter nach unten ziehen lässt. Nun muss man die Maschen von den Häkchen abheben und den Faden aufziehen bis zu der Stelle, wo er festhängt. Dann werden die Maschen wieder vorsichtig auf die Häkchen gesetzt. Aber nicht verzweifeln, auch das Stricken mit der Strickliesel klappt von Mal zu Mal besser!

ren und die Maschen über das Häkchen zu heben, möglichst ohne dabei alle Maschen abzuheben. (Einige Kinder führen anfangs den Faden mehrfach an den Häkchen vorbei und heben die Wolle nur vereinzelt darüber.)

7. Möchte das Kind die Wolle wechseln, wird ein neuer Faden angeknotet und während des Strickens in die Mitte der Strickliesel geschoben, damit er von außen nicht zu sehen ist.

8. Voller Spannung ziehen die Kinder beim Stricken immer wieder an dem unten heraushängenden Faden. Sie strahlen, wenn dann –

endlich – das erste Gestrickte zu sehen ist!

9. Will das Kind das Stricken beenden, zieht man den abgeschnittenen Faden durch alle vier Maschen und vernäht ihn sorgfältig wie den Faden vom Anfang.

Ich erinnere mich, dass wir früher Untersetzer, kleine Schnecken oder anderes aus der gestrickten Schnur zusammengenäht haben. Die längste – übrigens von einem Jungen – gestrickte Schnur war etwa 30 cm lang. Immerhin!

Zauberhaft:
Die Schnellstrickfee „Marisel"

Diese völlig neu kreierte Strickliesel unterliegt dem Designschutz.

Viele Generationen haben sich in ihrer Kindheit mit der Strickliesel beschäftigt. Im vorigen Kapitel habe ich berichtet, dass es aber vor allem für die jüngeren Mädchen und Jungen sehr mühsam ist, die Wolle mit Hilfe einer Nadel über die vier kleinen Häkchen zu heben. Das geht sehr, sehr langsam und schafft manchmal Frustrationen. So wurden die Stricklieseln von den Kindern in der Kita nur wenig benutzt.

Doch eines Tages hatte ich beim Fingerstricken von Halsketten (S. 77) die Idee: Mit einer großen Strickliesel mit großen Haken müsste doch ein gleichmäßigeres, engeres Stricken als beim Fingerstricken möglich sein! Und so entstand meine erste, noch etwas wacklige Schnellstrickfee: aus einer Papprolle für Küchentücher und großen Büroklammern. Doch die damit – in Windeseile – gestrickte Halskette begeisterte mich sofort. **Marisel war geboren!** Ich bastelte aus stabilen Papprollen von Alu- und Frischhaltefolien weitere „Mariseln" und nahm sie mit in die Kita. Der Vorteil: Meine Marisel hat einen Durchmesser von ca. 2,5 cm und große, breite Haken. So können die Kinder die Maschen mit Daumen und Zeigefinger greifen und über die Haken heben – ganz ohne Nadel. Das schaffen schon die Fünfjährigen mit großer Freude! Dennoch können die älteren Kinder und Erwachsenen weiterhin eine Nadel wie bei der herkömmlichen Strickliesel benutzen: damit strickt man noch schneller! **Leicht, einfach und vor allem in kurzer Zeit entstehen mit der Schnellstrickfee Marisel die**

schönsten Handarbeiten in den Händen von Klein und Groß. Die Marisel macht allen Spaß: Kindern, Jugendlichen, Eltern und Großeltern! Und den Senioren hilft sie sogar, entspannt ihre Fingerbeweglichkeit zu verbessern.

Die Marisel ist etwa 8 bis 12 cm lang und hat einen dicken Bauch mit einer Öffnung von ca. 2,5 cm Durchmesser für den Strickschlauch. Oben sitzen wie eine Krone vier große Haken (etwa 2,5 cm hoch und 1,5 cm breit). Das Wunderbare an dieser einfachen Technik: Durch

die großen Maschen haben Kinder und Erwachsene **wie von Zauberhand** rasend schnelle Erfolge. Der locker gestrickte Schlauch zieht sich je nach Stärke der Wolle eng zusammen. Es kann hier mit einfacher, doppelter, dreifacher oder dicker Wolle gestrickt werden, da die Haken und die Öffnung groß genug dafür sind.
Da man mit der Marisel innerhalb kürzester Zeit lange Strickschläuche herstellen kann, ergeben sich ganz neue ungeahnte Möglichkeiten bei der Verwendung und damit reizende neue Projekte (ab S. 65).

Alter: ab ca. **5** (bis 99) Jahre

✂ Material:

- 1 stabile Papprolle mit ca. 2,5 cm Durchmesser (super geeignet sind die Rollen von Alu- oder Frischhaltefolie – das reicht für drei Schnellstrickfeen von je 10 cm Länge) oder: 2 Papprollen vom Toilettenpapier längs aufschneiden, so eng ineinander schieben, dass ein Durchmesser von etwa 2,5 cm entsteht und mit Klebeband befestigen
- 4 stabile Haarnadeln, ca. 6 cm lang, gewellt oder glatt – oder: große Büroklammern zurechtbiegen
- Messer (mit Wellenschliff) zum Durchschneiden der Pappe
- flache Zange
- beidseitiges Teppichklebeband
- breites, starkes Klebeband
- Klebestift
- evtl. noch Stoff, Filz, Sticker, Aufkleber usw. zum Verschönern

Die Schnellstrickfee Marisel zum Selberbauen

☞ Und so wird's gemacht:

1. Die Papprolle vorsichtig mit dem Messer in drei Teile zerschneiden.

2. Die 4 Haarnadeln so weit auseinanderziehen, dass sie bei der ersten Welle etwa 1,5 cm Abstand haben, danach unten wieder zusammendrücken. (✳1)

3. Das beidseitige Teppichklebeband oben auf die Rolle kleben, danach die Schutzfolie abziehen.

4. Die 4 Haarnadeln gleichmäßig gegenüberliegend auf der Rolle so anordnen, dass die Haken etwa 1,5 cm breit und 2–3 cm hoch sind.

5. Die Haarnadeln auf der Papprolle mit dem starken Klebeband fest umwickeln. Das Klebeband wird dabei etwas faltig.

6. Die Schnellstrickfee zur Stabilisierung noch ein- bis zweimal mit Klebeband umwickeln, bis die ganze Pappe beklebt ist. (✳2)

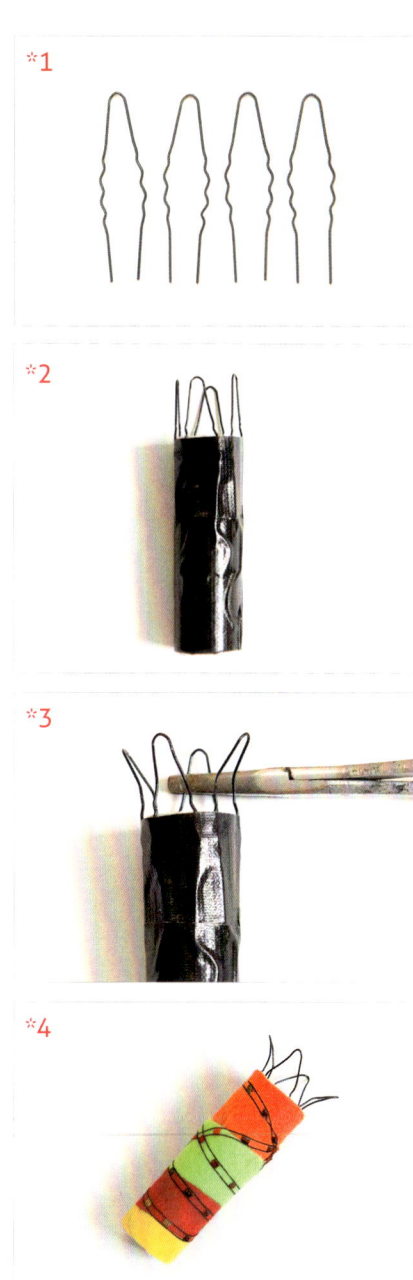

Evtl. das Klebeband unten etwa 1 cm überstehen lassen, 8–9 mal einschneiden und einzeln nach innen biegen und festkleben. Das empfiehlt sich besonders, wenn man zwei Toilettenpapierrollen für das Basteln der Schnellstrick-Fee verwendet hat.

7. Die Haarnadeln mit der Zange oben und in der Mitte leicht nach außen biegen (*3) – sie sind nun die Haken für die Schnellstrick-Fee. Die schräg gestellten Haken mit der Biegung oben ermöglichen ein leichtes Stricken, ohne dass die Maschen von den Haken abrutschen.

8. Wenn man mag, kann man die SchnellstrickFee noch mit Filz, Stoff, Sticks usw. bekleben, damit sie schöner aussieht. (*4)

Nun kann mit Marisel gestrickt werden!

☞ Und so wird's gemacht:

1. Schönes Wollknäuel aussuchen und den Anfang des Fadens in eine Nadel einfädeln. Diese durch die Öffnung der Schnellstrickfee fal-

len lassen. Der Faden sollte 10 bis 15 cm unten heraushängen.

2. Für die Marisel habe ich mir einen anderen Beginn als bei der Strickliesel ausgedacht. Auf diese Weise entstehen keine Schlingen und diese Technik ist daher besser geeignet für das spätere Zusammenknoten der Halsketten, Schlüsselanhänger etc.: Faden am unteren Haken von innen nach außen am unteren Haken nach rechts führen, dann gerade nach oben zum oberen Haken, dort außen nach links und in der Mitte zum linken Haken. Faden nach oben umschlingen und zum rechten Haken führen. Der Faden läuft außen am rechten Haken vorbei, wieder zum unteren Haken. Dort liegt er über der Anfangsschlinge, die nun als erste Masche über den Faden gehoben wird. (*5)

Ein Anfang wie bei der Strickliesel mit den Schlingen um die Haken (S. 58) ist natürlich auch möglich.

3. Das Stricken beginnt. In der ersten Runde dabei den unten heraushängenden Faden etwas festhalten. 4 bis 5 Runden stricken, dann langsam am unteren Faden ziehen. Die Maschen ziehen sich dabei gleichmäßig in der Mitte zusammen.

4. Weiterarbeiten wie im Kapitel „Strickliesel" ab Punkt 4 (S. 58) erklärt.

✎ Meine **Tipps** für die Strickliesel gelten auch für das Stricken mit der Schnellstrickfee Marisel!

Projekte mit der Marisel

Die Kinder werden am Anfang sicher mit großer Begeisterung (weil es so einfach ist und schnell geht) kleine, bunte Schals für ihre Puppen und Kuscheltiere stricken.

☛ **Was aber auch alles noch möglich ist:**

☻ Girlanden als Fenster-, Zimmer- oder Türschmuck, an denen die Lieblingshandarbeiten der Kinder und andere schöne Dinge ihren Platz bekommen: Bommeln, Filztiere, Sterne, Herzen, Blumen, Buchstaben für den Namen, Schmuck für die jeweilige Jahreszeit oder Feste wie Geburtstag, Weihnachten, Ostern, und und und ...

☻ Zusammengerollt, zusammengenäht sowie auf Filz oder Pappe aufgeklebt, werden die Strickschläuche zu Figuren (z. B. Fische, Schnecken, Eulen, Frösche, Blumen, Herzen ...) oder zu Untersetzern, kleinen Teppichen etc.

☻ Hier braucht das Kind die Hilfe der Erwachsenen: Mit Blumen- oder Silberdraht verstärkt, gebogen und geformt entstehen aus den Woll- oder Baumwollschläuchen Buchstaben, Namen, Tiere, Tannenbäume, Blumen oder Herzen. Diese verschönern, auf einen Stab gesteckt, z. B. Blumentöpfe, Blumenkästen, Vasen u. v. m.
Dafür den Draht am Anfang umbiegen und langsam durch den Strickschlauch führen.

☻ Gläser, Zettelkästen, Stiftehalter, Blumentöpfe usw. können mit einem angeklebten Strickschlauch ein schickes „Kleid" bekommen.

☻ Last but not least lassen sich wunderschöne Halsketten und Armbänder zaubern (s. nächstes Kapitel).

☻ Drei dicke lange Strickschläuche können auch zu einem Schal oder einem Gürtel miteinander verflochten und an beiden Enden mit Bommeln verziert werden. Drei kurze Schläuche werden zu einem Haarband oder zieren eine Mütze.

☻ Sogar attraktive Henkel für selbst genähte Taschen sind mit der Marisel möglich. Entweder als einfachen Strickschlauch mit drei Baumwollfäden oder aus drei Schläuchen, die miteinander verflochten werden.
Sie sehen schon, der Phantasie sind keine Grenzen gesetzt ...

☛ **Und hier noch zwei besonders schöne Projekte:**

> ✎ **Tipp:** Viele Anregungen in anderen Büchern für das Stricken mit der Strickliesel lassen sich eigentlich nur mit der Marisel verwirklichen – wenn z. B. für ein Projekt mehr als 10 Meter Strickschlauch für einen Loopschal oder 3×1 Meter für einen Gürtel verlangt werden. Das ist mit der normalen Strickliesel so gut wie nicht zu schaffen, aber mit der Marisel kein Problem!

Halsketten, Armbänder und Schlüsselanhänger

✂ Material:

- Marisel
- schöne, dünne Wolle für die Halsketten und Armbänder
- Baumwolle in zwei Farben für die Schlüsselanhänger
- bunte Holz- oder Kunststoff-Perlen mit großen Löchern
- 1 große Perle mit einer Öffnung von mindestens 0,5 cm
- 1 Nadel zum Auffädeln der Perlen
- zusätzlich für den Schlüsselanhänger: 1 Karabiner

☛ Und so wird's gemacht:

1. Beginn wie in Punkt 2 auf Seite 63 beschrieben. Faden etwa 15 cm lang aus der Marisel unten heraushängen lassen. Dann stricken: ✐ 50 cm oder mehr für eine Halskette ✐ 20 cm oder mehr für ein Armband ✐ 40–80 cm für einen Schlüsselanhänger

2. Faden am Ende etwa 10 cm lang abschneiden und vorsichtig mit der Nadel durch die 4 Haken führen.

3. Maschen von den Haken abheben und Faden festziehen.

4. Perlen (Anzahl und Farbe nach Wunsch) mit der Nadel auffädeln und auf dem Gestrickten vertei-

len. Zuletzt die große Perle auf den Schlauch schieben.

5. Die Fäden vom Anfang und vom Ende mehrfach fest miteinander verknoten und 0,5 cm lang (oder kürzer) abschneiden.

6. Die dicke Perle fest über die verknotete Stelle ziehen und die anderen Perlen auf der Halskette, dem Armband oder dem Schlüsselanhänger verteilen.

Perlen in die Halskette einstricken
Zuerst (vor Punkt 1) mehrere Perlen auf die Wolle fädeln. Sie laufen mit der Wolle immer mit, werden nach Wunsch einzeln nach oben geholt, auf der Marisel zwischen zwei Haken gelegt, in der nächsten Runde überstrickt und nach innen geschoben. Wenn die Halskette fertig ist, zieht man die Perlen nach außen.

> ✏ **Tipp:** Evtl. die beiden Fäden nochmals mit der Nadel durch das Gestrickte ziehen und verknoten. Dann ziehen sich die Fäden nicht auseinander, wenn man die dicke Perle überstreift.

Ein „bestrickend" schönes Headset

Alter: ab **12** Jahre

WWWWWWWWWWWWWWWWWWWWWW

✂ **Material:**
- Marisel
- 1 Headset
- ausgesuchte schöne Wolle
- 1 Nadel zum Stricken
- 1 Nadel für die Wolle
- Perlen

☛ **Und so wird's gemacht:**

1. Das Kabel des Headsets sollte vom ersten Ohrstöpsel bis zur Verbindungsstelle in der Mitte jeweils ca. 30 cm lang sein. Anfang vom Faden von oben nach unten durch die Marisel führen und ca. 15 cm lang unten heraushängen lassen.

2. Wolle wie unter Punkt 2 auf Seite 63 um die 4 Haken führen.

3. Ein Ohrstöpsel wird von oben nach unten so durch die SchnellstrickFee „Marisel" geführt, dass er unten ca. 15 cm lang heraushängt. Der andere Ohrstöpsel und die beiden anderen Kabel hängen oben seitlich aus der SchnellstrickFee heraus.

4. Rundherum stricken, das Kabel liegt dabei in der Mitte. Darauf achten, dass es dort bleibt, immer wieder nach rechts geschoben

> ✎ **Tipp:** Das Kabel nach jedem dritten Haken locker in der Mitte nach rechts neben den gerade gestrickten Haken schieben.

und mitgenommen wird. Es darf nicht nach außen kommen.

5. Nach drei Runden den Faden vom Anfang vorsichtig leicht zusammenziehen – aber nicht zu fest! Das Gestrickte soll später am Ohrstöpsel befestigt werden. Nach 15 cm das Gestrickte mit den Fingern vorsichtig von unten herausziehen – es reicht jetzt etwa bis zum Ohrstöpsel. (*1)

6. Weiterstricken, dabei das Kabel mit dem Ohrstöpsel immer wieder nach unten ziehen. Wenn das Mi-

krofon des Headsets sichtbar wird, das Kabel hinter die Maschen legen. Mehrere Runden so stricken, bis das Kabel wieder in die Mitte genommen werden kann. (*2)

7. Weiterstricken, bis das Gestrickte vom Ohrstöpsel bis zur Verbindungsstelle reicht.

> ✏️ **Tipp:** Das Headset kann auch komplett bestrickt werden. Das ist etwas mühsam, da sich das Gestrickte öfter verdreht, aber mit einer tollen Glitzerwolle z. B. bestimmt ein Hingucker!

8. Ist die Verbindungsstelle erreicht, wird das Kabel mit dem Stecker nach außen gelegt. Das Kabel zum anderen Ohrstöpsel kommt in die Mitte, und es wird weiter wie bisher gestrickt. **Achtung:** Das außen hängende Kabel zieht sich dabei immer mehr in die Marisel hinein, darf aber beim Stricken nicht aus Versehen mit erfasst werden.

9. Wenn das Verbindungskabel unten zu sehen ist, vorsichtig aus der Marisel herausziehen. (*3)

10. Weiterstricken bis zum 2. Ohrstöpsel. **Achtung:** Das Gestrickte wird immer langer und verdreht sich. Deshalb die Marisel und das Gestrickte entgegengesetzt zurückdrehen, bis die Maschen wieder gerade und locker laufen.

11. Wenn beide Seiten möglichst gleich lang sind, Faden abschneiden, auffädeln und mit der Nadel die Maschen abheben, aber nicht zusammenziehen. Das Headset vorsichtig aus der Marisel ziehen und nochmals das Gestrickte zurückdrehen, bis es glatt ist. (*4)

12. Das Gestrickte mit der Nadel und dem Faden an beiden Ohrstöpseln befestigen. Verbindungsstelle festnähen und eventuell mit Perlen schmücken. (*5)

Fingerstricken: Halsketten & mehr

Im Frühjahr 2011 saß ich zuhause mit den Handarbeiten der Kinder, dachte an das mühsame Stricken mit der Strickliesel. Plötzlich hatte ich eine Idee: Man könnte doch die Wollfäden – statt über die Häk-chen der Strickliesel – einfach über die Finger der linken Hand heben und auf diese Art „stricken". Ich schlang einen Wollfaden um meine Finger, strickte erwartungsvoll mehrere Reihen in der Hand hin und her und war ganz aufgeregt wegen meiner „Erfindung".

Am nächsten Morgen folgte die Ernüchterung. Stolz zeigte ich in der Kita einer Praktikantin meine „neue Handarbeit". „Ach, Fin-gerstricken, das haben wir als Kinder auch ge-macht!" sagte sie nach einem kurzen Blick auf meine Finger.

Bald hatte ich meine Enttäuschung überwun-den und zeigte den Vor-schulkindern das Fin-gerstricken. Die Kinder waren sofort mit Feu-ereifer bei der Sache, suchten sich passende, nicht zu dicke Wolle aus und fingen mit meiner Hilfe an zu „stricken". Der schmale Schal wuchs schnell auf dem Handrücken. Und das Fingerstricken gehörte von da an zu den belieb-testen Handarbeiten in der Gruppe!

Alter: ab ca. **4** Jahre

✂ Material:

- Wolle, Wollreste
- Schere
- dicke Stopfnadel
- Bleistift, Strumpfstrick-
  nadel o. ä.

Fingerstricken
(runder Schlauch, „Seil")

☛ Und so wird's gemacht:

1. Das Kind sucht sich für das erste Stricken eine glatte, nicht zu dicke Wolle aus.

2. Eine Schlaufe knüpfen und um den linken Daumen des Kindes legen (bei Rechtshändern, ansonsten umgekehrt).

3. Jetzt den Faden, vor dem Zeigefinger beginnend, s-förmig um die Finger bis zum kleinen Finger schlingen, (*3a) dann um den kleinen Finger herum wieder zurückschlingen bis zum Zeigefinger, so dass sich zwei Achten bilden. (*3b)

4. Den Faden um den Zeigefinger herum nach vorn führen und in der Innenfläche der Hand **locker** oberhalb der Schlingen über alle Finger legen. (*4a + b)

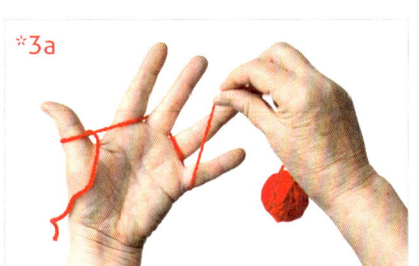

*3a

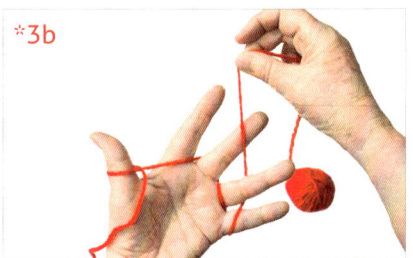

*3b

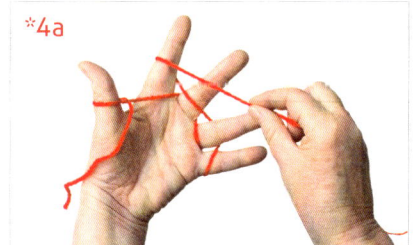

*4a

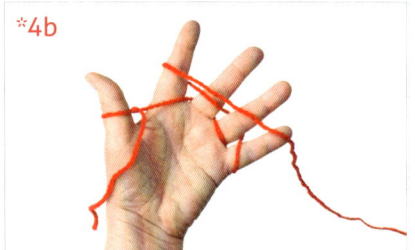
*4b

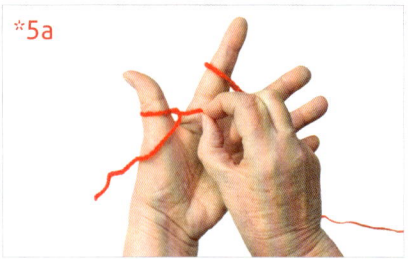
*5a

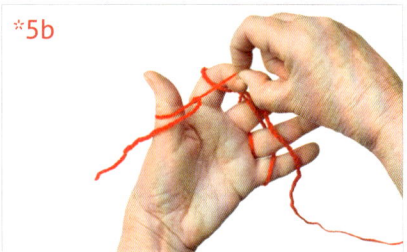
*5b

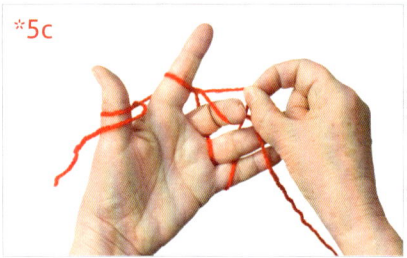
*5c

5. Das Kind fasst mit Daumen und Zeigefinger der rechten Hand (bei Linkshändern mit der linken Hand) den ersten Faden, der vom Daumen kommt, (*5a) und hebt ihn über den Faden und den Zeigefinger. (*5b) Dann werden auf die gleiche Weise auch die drei Schlaufen über Mittel-, Ring- und kleinen Finger gehoben. (*5c)

6. Jetzt den Faden vom kleinen Finger **locker** über den Handrücken und die Handinnenfläche führen. (*6)

7. Jetzt **erneut beim Zeigefinger beginnend** eine neue Runde „stricken", d.h. die untere Schlaufe bei allen vier Fingern über den neuen Faden heben.

8. Zwischendurch die Maschen ab und zu mit den Fingern der rechten

> ✏ **Tipp:** Finger knicken, damit sich die Schlaufen (Maschen) leichter über den Faden heben lassen.
> Oft hilft es den kleinen Anfängern, wenn ihnen bei den ersten Reihen die Schlaufen (Maschen) über die Finger gehoben werden, bis die Maschen einen Halt bekommen.

Hand nach unten schieben, damit sie besser halten und nicht über die Fingerkuppen rutschen.

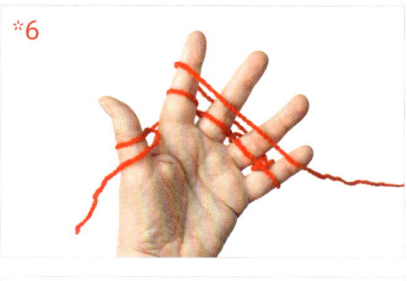
*6

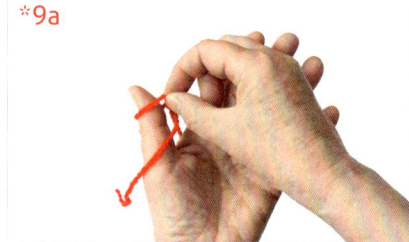
*9a

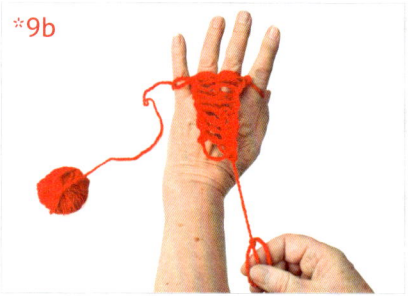
*9b

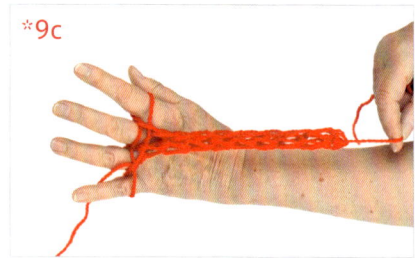
*9c

In der Adventszeit strickten die Jungen und Mädchen ein Geschenk für ihre Mütter: Einen langen, rund zusammengenähten Schal aus einem ganzen Wollknäuel (50 g dicke, schön melierte Wolle, 30 Meter Lauflänge – kleiner Tipp: gibt es manchmal auch im „Euroshop" für 1 Euro). Die Kinder waren stolz!

9. Auf diese Weise ca. 5 bis 8 Reihen „stricken", dann die Schlaufe vom Daumen abheben (*9a) und hinter dem Handrücken fest nach unten ziehen. (*9b) Dabei ziehen sich die langen Fäden auf der Rückseite der Hand zusammen und der Beginn des Strickschlauchs wird sichtbar. (*9c)

> ✎ **Tipp:** Wenn die Wolle gewechselt werden soll, einfach einen neuen Faden anknoten.

10. Möchte das Kind die Strickarbeit unterbrechen, vorsichtig die vier Maschen von den Fingern lösen und einen Stift, Faden oder eine Strumpfsticknadel durch die Maschen ziehen. Wenn weitergestrickt wird, die Maschen wieder auf die Finger ziehen (Achtung: Der Schal muss auf dem Handrücken liegen!).

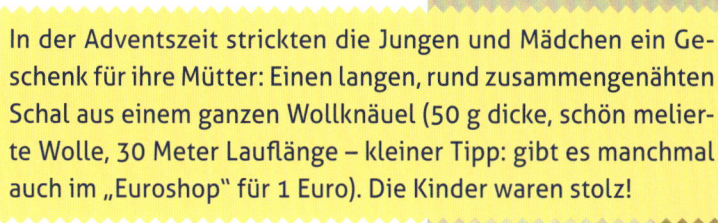

✎ **Tipp:** Die Maschen lassen sich leichter auf die Finger schieben, wenn man zuvor einige Maschen wieder aufzieht.

11. Am Ende der Strickarbeit die Maschen von den Fingern abheben. Den Faden abschneiden und ihn mit den Fingern (bei großen Maschen) oder der Stopfnadel fest durch die vier Maschen ziehen und vernähen. Ebenfalls den Anfangsfaden und die Fäden vom Wollwechsel vernähen.

✎ **Tipps:** Es kann auch ein schmaler, gerader Schal gestrickt werden: Das Kind beginnt wie zuvor beim Zeigefinger und strickt bis zum kleinen Finger. Nun wird der Faden in der Hand zurück über die Maschen gelegt und zurück zum Zeigefinger gestrickt – und so immer hin und her bis zum Ende des Schals.

✎ **Tipps und Anregungen:** Anfangs- und Endfaden können auch verknotet werden, das ergibt Ketten, Arm- oder Stirnbänder. Überstehende Fäden vernähen oder abschneiden. Der Schlauch ist entweder ein Seil oder auch ein hübscher Schal für Puppen oder Kuscheltiere, vor allem mit bunter Wolle. Mit dreifacher oder sehr dicker Wolle gestrickt, wird der Schlauch (doppelt gefasst) auch zum Schal für das Kind. Eine hübsche Girlande für die Zimmerdekoration entsteht z. B. mit besonders flauschiger Wolle. Man kann auch den Schlauch rund zusammennähen als „Schnecke" oder zu kleinen Decken und Kissen.

Eine tolle Idee für unser Fingerstricken sind

Halsketten für Mädchen, Mütter, Tanten …

Tipp: Eine Halskette für Erwachsene braucht oft nur eine ausgewählt schöne große Perle als Blickfang.

Sehr praktisch: Unsere Ketten haben keinen Verschluss. Sie werden einfach über den Kopf gezogen.

✂ Material:

- schöne und feine Wolle (evtl. Glitzerwolle in Gold, Silber usw.) oder dünne Strickwolle, z. B. Schachenmayr Bravo
- mehrere bunte Holz-, Edelstein- oder Kunststoff-Perlen mit einer großen Öffnung von mind. 0,5 cm Durchmesser
- 1 große, ca. 2 cm breite Perle
- 1 dicke Nadel zum Auffädeln der Perlen auf die Kette

☛ Und so wird's gemacht:

1. Wie ab Seite 73 beschrieben, einen mindestens 50 cm langen (oder längeren, je nach gewünschter Länge der Kette), schmalen Schlauch wie ein rundes Seil stricken.

2. Wenn der Schlauch fertig ist, den Faden etwa 15 cm lang abschneiden und vorsichtig durch alle vier Maschen ziehen.

3. Die Fäden vom Anfang und Ende des Schlauches (der Kette) jeweils richtig festziehen und die ausgesuchten Perlen einschließlich der großen Perle mit der Nadel auf die Kette auffädeln.

4. Die beiden Fäden drei- bis viermal eng und fest miteinander verknoten, evtl. vernähen. Die Enden abschneiden und die breite Perle mit Kraft über diese Stelle schieben. Diese große Perle ist meist unten der Mittelpunkt der Halskette. Die übrigen Perlen nach Wunsch auf beiden Seiten der großen Perle auf der Kette anordnen.

Sommer 2011: Es ist ein schöner, sonniger Tag. Ich sitze mit den Körben voller Wolle, Stick- und Webrahmen im Hof der Kita. Plötzlich steht Florian vor mir. Florian ist ein Vorschulkind, fünf Jahre alt, und war im Jahr zuvor einer der eifrigsten Handarbeiter. „Brigitte, ich will das ganze Jahr nur Fingerstricken. Ich möchte eine ganz lange bunte Girlande für mein Zimmer stricken!" Ich merke, dass er es ernst meint.

Er sucht sich also drei Wollfäden aus, ich schlinge sie um seine Finger, das große Werk kann beginnen. Etwa 30 cm schafft er am ersten Tag. Von nun an sitzt Florian an jedem meiner Handarbeitstage in der Kita neben mir, arbeitet sich Zentimeter für Zentimeter voran. Oft ist es heiß, die Wolle klebt an seinen Fingern, aber er strickt! Der Schal an seiner Hand wird immer länger und schwerer. Florian wickelt sich das Gestrickte wie eine Schlange mehrfach um seinen linken Arm. Alle Erwachsenen und Kinder fragen Florian jetzt nach seiner Handarbeit. Stolz berichtet er jedem von seinem Vorhaben. Ich dagegen bekomme Mitleid mit ihm, denke, er kann doch nicht so lange immer das Gleiche handarbeiten. Das muss ihm doch langweilig werden! Aber er macht unverdrossen weiter. 3 bis 4 Meter hat er schon geschafft. Ich stecke den Schlauch in eine Plastiktüte, binde sie oben zu und lege sie neben Florian auf den Tisch beim Handarbeiten.

Die gleichaltrige Elena sieht Florian Woche für Woche stricken. Das weckt ihren Ehrgeiz. „Ich will auch eine Girlande stricken", verkündet sie und beginnt mit der Arbeit. Beide Kinder stricken von nun an um die Wette. Elena holt schnell auf. Zwischendurch wird das bisher Gestrickte aus den Tüten gezogen und miteinander verglichen.

Endlich – nach vielen Wochen – sagt Florian zu mir: „Brigitte, ich glaube, ich will jetzt doch wieder etwas anderes machen!" Ich bin sehr erleichtert, hatte ich doch schon die längste gestrickte Girlande der Welt vor meinen Augen gesehen und den armen Florian dazu. Auch Elena beendet ihren langen Schal. Beide Kinder nehmen in unserem Flur ihren gestrickten Schlauch in die Hände, drücken den Anfang einem Kind zum Festhalten in die Hand und laufen mit ihren Schals zur gegenüberliegenden Tür. Sie rennen, Florian bleibt stehen – sein Schal ist zu Ende –, Elena läuft noch einen Meter weiter.

Florian verzieht das Gesicht, will anfangen zu weinen, doch plötzlich strahlt er und ruft: „Wenn ich meinen Schal ganz fest ziehe, ist er genauso lang wie der von Elena!" Alle Kinder und Erzieher, die dabeistehen, lachen und gratulieren den beiden Meisterstrickern. Ihre bunten Girlanden schmücken beim nächsten Fest einen Raum in der Kita.

Nachtrag: Florians Schal ist 7 Meter lang, Elenas Schal 8 Meter. Was für eine Leistung! Welche Ausdauer! Ich habe die größte Hochachtung und Bewunderung für die beiden Kinder!

Beim Fingerstricken haben die Kinder sofort ein Erfolgserlebnis. Das gestrickte Seil bzw. der schmale Schal wächst schnell auf ihrem Handrücken. Schon beim ersten Stricken wird oft ein halber Meter geschafft. Marisa aus der „zweiten Generation der Handarbeitskinder" wurde unsere absolute „Schnellstrickerin". Sie strickte mit großen lockeren Maschen – oft ohne dabei hinzusehen. Einmal schaffte sie zwei Meter in einer Stunde. Ich wollte es nicht glauben.

„Brigitte, kann ich Fingerstricken?" fragen die Kinder seit damals oft und suchen sich eine neue Wolle aus. Gern stricken sie mit doppelter oder dreifacher Wolle, damit der Schal schön dick und bunt wird.

Bei einem Konzert traf ich die Eltern von Marisa. Stolz zeigte mir der Vater Fotos auf seinem Handy. Viele aufgerollte, von Marisa fingergestrickte Schals in allen Farben lagen auf dem Fußboden verteilt. Die Mutter berichtete, dass sie sich jetzt in der zweiten Klasse im Hort aus einem großen Angebot die Handarbeitsstunde ausgesucht hat.

Tipps für das erste Stricken

Fünf Mädchen hatten in einem Frühjahr das richtige Stricken mit der Nadel begonnen, weil sie es unbedingt wollten. Um es vorweg zu sagen: Es war anfangs sehr mühsam – für die Kinder und mich. Ein Jahr später brach bei den nächsten Vorschulkindern (alle etwa 6 Jahre alt) wieder das Strickfieber aus. 15 Mädchen und Jungen

> ✎ **Tipp:** Wenn Sie eine Kindergartengruppe beim Handarbeiten betreuen, beginnen Sie am besten in einer ruhigen Stunde, wenn nur zwei oder drei Kinder handarbeiten.

Der sechsjährige Matteo zeigte sein Strickzeug stolz der Mutter mit den Worten: „Das macht richtig Spaß!" und noch einmal: „Das macht richtig Spaß!", nachdem er einen ganzen Vormittag (!) das erste Mal mit großem Eifer geübt hatte. Mir hatte er fast leid getan, wie er sich quälte – aber er war begeistert.

„kämpften" mit der Wolle und den Nadeln. „Du musst das Stricken jetzt noch nicht unbedingt lernen", sagte ich zu Antonia bei ihren ersten Versuchen. „Ich will es aber lernen", kam sofort die energische und laute Antwort.
Diesen unbedingten Willen hat man zu respektieren! Es war rüh-

rend anzuschauen und ging von Mal zu Mal besser.

Kindern das richtige Stricken beizubringen, ist vor allem eine Geduldsübung. Alle anderen Handarbeiten, die wir in diesem Buch vorstellen, können ohne besondere Vorkenntnisse des Erwachsenen mit den Kindern geübt werden. **Aber man sollte mindestens rechte Maschen stricken können, um den Kindern beim ersten Stricken zu helfen.** Und man braucht viel Zeit für das Kind.

☞ **Einige Tipps zum Stricken mit Kindern:**

1. Das Kind sollte beim ersten Stricken rechts von Ihnen sitzen. So können Sie besser in das Strickzeug des Kindes greifen und helfen.

2. Das Kind sucht sich eine normal dicke Wolle aus. Gut geeignet ist Wolle, die die Farbe im Faden wechselt, dann sieht das Gestrickte schön bunt aus.

3. Etwa 20 bis 25 Maschen auf eine kurze Nadel (zum Strümpfestricken) der Nr. 5 ½ oder Nr. 6 aufnehmen und die erste Reihe rechts stricken.

4. Das Kind zusehen lassen, ganz langsam stricken und dazu sprechen: *„Mit der rechten Nadel von unten in die Masche stechen, die Masche gaaanz weit aufziehen, den Faden holen, durch die Masche ziehen und abheben."* Das Gleiche bei den nächsten Maschen wiederholen.

5. Das Kind sollte vor Beginn seine Hände ausschütteln, damit sie locker werden. Auch während der Strickversuche die Hände ab und zu ausschütteln lassen.

> ✎ **Tipp:** Die letzte Masche am Ende und die erste Masche in der neuen Reihe stricke ich noch lange Zeit selbst, manchmal auch bis zum Ende der Kindergartenzeit. Auch den Faden wickele ich den Jungen und Mädchen am Anfang der Reihen weiter um den Zeigefinger und lege ihnen das Strickzeug in die Hände.

> ✎ **Tipp:** Manche Kinder wuseln allein vor sich hin beim Stricken. Da muss man aufpassen, dass sie sich nichts Falsches aneignen.

6. Den Wollfaden dem Kind in die linke Hand legen, ihn von hinten zweimal um den Zeigefinger des Kindes wickeln und dem Kind die linke Nadel mit den bis dahin gestrickten Maschen in die linke Hand geben.

7. Das Kind fasst die zweite Nadel zwischen Daumen und Zeigefinger der rechten Hand – oberhalb der bisher gestrickten Maschen. Die Nadel sollte möglichst locker in der Hand liegen.

8. Das Kind versucht nun, die beiden Nadeln festzuhalten, verkrampft dabei meistens die Hände und beginnt langsam mit der rechten Nadel in die nächste Masche der linken Nadel zu stechen. Die Helferin wiederholt bei jeder Masche die Worte von oben und hilft

beim Einstechen, zieht den Zeigefinger immer wieder hoch, weil er ständig nach unten fällt. Beim Abheben müssen die Maschen in der linken Hand nach oben geschoben werden, damit es gelingt. Die Maschen auf der rechten Nadel werden immer wieder nach hinten geschoben, da es mehr werden. Die Maschen müssen gleichzeitig festgehalten werden, damit sie nicht von den Nadeln rutschen. Eine Wahnsinnsübung!

„Am Anfang müsst ihr auf so vieles gleichzeitig achten. Das wird jedes Mal besser, weil ihr immer mehr ohne Nachzudenken wie von selbst tun könnt", mache ich den Kindern Mut. Und tatsächlich, von Masche zu Masche kämpfen sich die Kinder durch die Reihen.

Das selbstständige Stricken gelingt nur wenigen Kindern, aber viele schaffen es, die Reihen durchzustricken, wenn ich die ersten und letzten Maschen stricke und ihnen das Strickzeug in die Hand gebe. Das ist für sie eine Riesenleistung. Unsere Kinder sind „stolz wie Oskar", strahlen und bewundern ihr Gestricktes, wenn es

> ✏ **Tipp:** Nach den ersten Reihen stricke ich die nächste Reihe, sorge für Ordnung – manche Maschen sind nur abgehoben, nicht gestrickt. Maschen wurden fallengelassen oder neu gebildet. Alle, die einst stricken gelernt haben, erinnern sich daran.

dann endlich klappt. Sie möchten tüchtig gelobt werden. Dazu habe ich wirklich allen Grund! Auch wenn das Gestrickte noch sehr unregelmäßig aussieht, es manchmal kleine Löcher gibt, und, und, und.

Ich bin begeistert, wenn die Kinder schon in diesem Alter stricken lernen. Für mich ist es immer wieder ein Wunder. Ich lobe die Kinder, gratuliere ihnen, klatsche vor Begeisterung in die Hände, wie es mir gerade einfällt. Die Eltern sind oft sprachlos, wenn ihre Kinder stricken können!

Einige Kinder erzählen vom Stricken zuhause mit der Großmutter. Das ist wunderbar und macht allen viel Freude.

Rundweben (im Deckel eines Schuhkartons)

Rundweben mit einem Webrahmen: das war die erste Handarbeit von Miriam. Sie webte ein paar Vormittage mit dunkelblauer Wolle eine kleine runde Decke und war sehr stolz auf ihr erstes Werk. Die Decke gibt es noch – sie ist mit ihr nach Bayern gezogen.

Das Weben dauert bei den Kindern unterschiedlich lang. Manche Jungen und Mädchen sind schnell fertig, andere blockieren den Webrahmen wochenlang. Daher kam ich auf die Idee, Webrahmen selbst herzustellen – aus dem Deckel eines Schuhkartons.
Das kostet nichts außer einigen Bitten in den Schuhgeschäften, mal mit mehr und mal mit weniger Erfolg. Mittlerweile kennt man mich in einem

Geschäft so gut, dass ich nur noch zu sagen brauche, wie viele Deckel in welcher Größe ich brauche – und dann kann ich sie mir einige Tage später abholen.

Der Vorteil: Sie sparen Geld. Und wenn mehrere Kinder (Geschwister oder Gruppen im Kindergarten) weben wollen, ist für jedes Kind ein Webrahmen da.

Alter: ab ca. **4½** Jahre

✂ Material:

- stabiler Deckel eines Schuhkartons (mind. 22×30 cm, auch größer oder quadratisch)
- Bleistift
- scharfes Messer, besser Garten-/Rosenschere
- Baumwollgarn bzw. reißfeste Wolle für den Kettfaden
- bunte Garn- und Wollreste zum Weben
- Schere
- dicke, stumpfe Wollnadel (z.B. von der Firma Prym)
- Anleitungsblatt für das Spannen der Kettfäden
- evtl. bunte Plastiksticknadel

> ✎ **Tipp:** Bei mehreren Kindern: Schreiben Sie den Namen des Kindes auf den Rand und streichen Sie ihn wieder durch, wenn das Kind das Weben beendet hat.

Wenn die Webarbeit fertig ist, kann der Rahmen neu bespannt und vom nächsten Kind wieder verwendet werden. Der **Rundweb-**

> ✎ **Tipp:** Ich habe mittlerweile von einer Mitstreiterin gehört, dass die Grundschüler im Hort das erneute Bespannen vereinzelt allein schaffen, allerdings oft nicht wie vorgesehen, sondern kreuz und quer über den Rahmen. Aber auch so entstehen schöne Webbilder!

rahmen braucht etwas mehr Aufmerksamkeit bei der Herstellung als der Rahmen für das gerade Weben (siehe nächstes Projekt, S.90). Mit der nachfolgenden Anleitung sowie der Vorlage auf S. 102/103 wird es aber gut gelingen!

☞ Und so wird's gemacht:

Webrahmen herstellen:

1. Anleitung (S. 102/103) auf ein A4-Blatt kopieren und das Blatt zum Spannen der Kettfäden mittig in den Deckel legen. So lässt sich am besten arbeiten. Oder das aufgeschlagene Buch neben den Deckel legen. Je nach Größe des Deckels kann das Blatt verschieden angelegt oder verschoben werden.

2. Zuerst die Mitte des Deckels (X) mit einem Stift markieren. Nun die Striche sowie die beiden dicken Punkte auf die Innenseite des De-

ckels übertragen. Die Striche mit den entsprechenden Zahlen von 1 bis 33 beschriften.

3. Mit einem scharfen Messer oder besser einer Gartenschere oberhalb der Striche ca. 1,5 cm tiefe Einschnitte in den Deckelrand machen.

4. Ein langes, reißfestes Woll- oder Baumwollknäuel zur Hand nehmen und den Anfang des Fadens bei Einschnitt Nr. 1 ca. 30 cm nach außen hängen lassen.

5. Jetzt mit dem Bespannen des Deckels beginnen – unter Beachtung

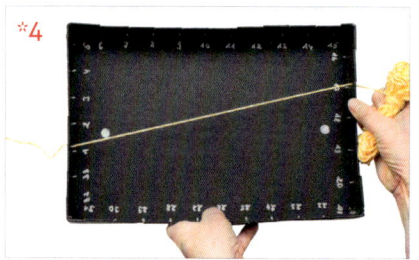

*4

der Reihenfolge, siehe unten im Kasten (s. a. Anleitung, S. 102/103).

6. Ganz am Schluss (bei Einschnitt Nr. 33) den Kettfaden (Spannfaden) mit ca. 30 cm Länge abschneiden. Dann den Faden in der Innenseite des Deckels zur markierten Mitte (X) führen, anschließend zwischen

- von Einschnitt 1 zu Einschnitt 17
- von Einschnitt 17 zu Einschnitt 18 seitlich außen
- von Einschnitt 18 zu Einschnitt 2
- von Einschnitt 2 zu Einschnitt 3 seitlich außen
- von Einschnitt 3 zu Einschnitt 19
- von Einschnitt 19 zu Einschnitt 20 seitlich außen
- von Einschnitt 20 zu Einschnitt 4
- von Einschnitt 4 zu Einschnitt 5 seitlich außen
- von Einschnitt 5 zu Einschnitt 21
- von Einschnitt 21 zu Einschnitt 22 seitlich außen
- von Einschnitt 22 zu Einschnitt 6
- von Einschnitt 6 zu Einschnitt 7 seitlich außen
- von Einschnitt 7 zu Einschnitt 23
- von Einschnitt 23 zu Einschnitt 24 seitlich außen
- von Einschnitt 24 zu Einschnitt 8, über die Rückseite
- von Einschnitt 25 zu Einschnitt 9, über die Rückseite
- von Einschnitt 26 zu Einschnitt 10, über die Rückseite
- von Einschnitt 27 zu Einschnitt 11, über die Rückseite
- von Einschnitt 28 zu Einschnitt 12, über die Rückseite
- von Einschnitt 29 zu Einschnitt 13
- von Einschnitt 13 zu Einschnitt 14 seitlich außen
- von Einschnitt 14 zu Einschnitt 30
- von Einschnitt 30 zu Einschnitt 31 seitlich außen
- von Einschnitt 31 zu Einschnitt 15
- von Einschnitt 15 zu Einschnitt 16 seitlich außen
- von Einschnitt 16 zu Einschnitt 32
- von Einschnitt 32 zu Einschnitt 33 seitlich außen
- von Einschnitt 33 zur Mitte spannen

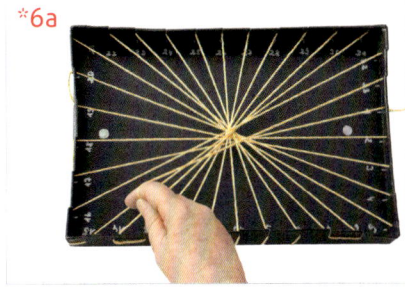

*6a

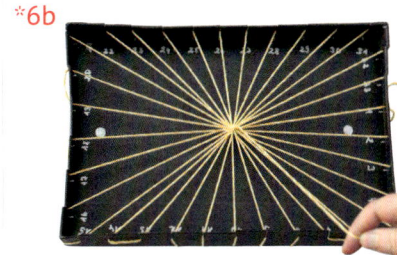

*6b

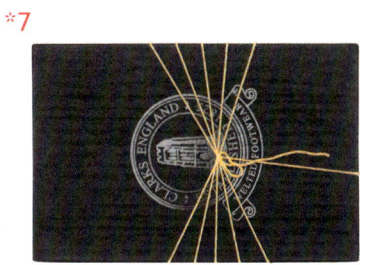

*7

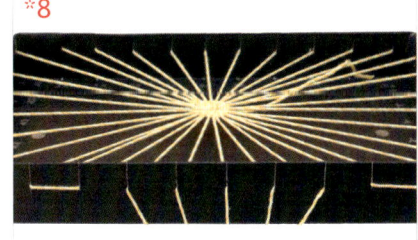

*8

den Fäden 16 und 17 nach unten und zwischen 33 und 1 wieder nach oben. (*6a) Danach noch ein- bis zweimal den Faden quer durch die Mitte festziehen. (*6b)

7. Den Faden vom Anfang (Einschnitt Nr. 1) an der Außenseite des Deckels durch die sich kreuzenden Kettfäden schlingen und mit einem Knoten befestigen. (*7)

Weben:

8. Mit dem Ende des Kettfadens wird von der Helferin mit dem Weben begonnen: 4 bis 5 Runden den Faden rundherum abwechselnd über und unter die gespannten Kettfäden führen (*8).

9. Nun kann sich das Kind ein neues, buntes Garn aussuchen. Dieses Garn um einen der Kettfäden schlingen und die Enden miteinander verknoten.

10. Den Knoten nimmt das Kind in die Hand und beginnt mithilfe beider Hände mit dem Weben, möglichst immer durch mehrere Kettfäden hindurch, ohne den Faden hochzuziehen.

> ✎ **Tipp:** Weben Sie am Anfang einige Runden, damit das Kind das Prinzip gleich durchschaut und einen guten Start hat.

11. Erreicht das Kind mit seinem Faden einen der beiden dicken Punkte an den kurzen Seiten des Webrahmens, wird der Faden hoch- bzw. festgezogen. Webt das Kind zu lange, lässt sich der Faden wegen der Rundung nur schwer ziehen.

> ✎ **Tipp:** Am Anfang einen kürzeren Faden nehmen, da der Kreis noch sehr klein ist; später ruhig längere Fäden verwenden, wenn die Runden größer werden. Manche Kinder können oft nach kurzer Zeit selbst einschätzen, mit welcher Fadenlänge sie gut zurechtkommen, und schneiden sich die Wollfäden selbst ab. Andere Kinder wiederum neigen dazu, zu kurze Fäden abzuschneiden.

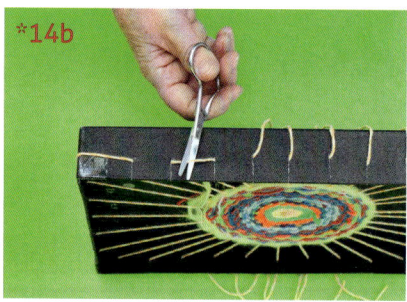

12. Der Webrahmen muss vom Kind ab und zu weitergedreht werden.

13. Ist der Faden zu Ende, wird er unter die Webarbeit geschoben. Den neuen Faden an dieser Stelle um den Kettfaden schlingen und wie zuvor verknoten. Das Kind webt weiter, bis der Kreis groß genug ist.

14. Ist die Webarbeit groß genug, die Fäden auf der Rückseite des Deckels in der Mitte (*14a) sowie die äußeren Fäden am Deckelrand durchschneiden (*14b) und vorsichtig nacheinander aus den Einschnitten lösen.

15. Beim Herauslösen der Fäden immer nur zwei nebeneinanderliegende Kettfäden stramm ziehen, dann erst die nächsten beiden Fäden aus den Einschnitten ziehen, einmal miteinander verknoten

und mehrmals nachziehen. Dadurch verkleinert sich zwar die Webarbeit, aber die Bildung von kleinen „Nestern" wird verhindert. (*15)

16. Nach dem Zusammenschieben der Webarbeit die Kettfäden verknoten und entweder als Fransen

hängen lassen (evtl. schneidet man sie auf eine einheitliche Länge) oder mit der dicken Wollnadel unsichtbar in die Webarbeit ziehen, Reste abschneiden.
Die Fäden vom Wollwechsel ebenfalls in die Webarbeit ziehen, evtl. abschneiden.

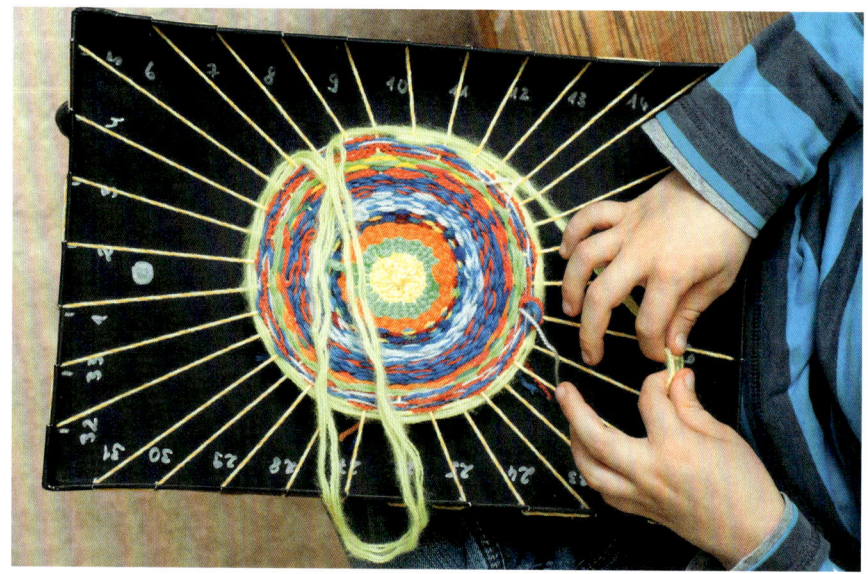

Tipp: Ältere Kinder können die Kettfäden durch das Nadelöhr einer Stick- oder Nähnadel fädeln und damit unterschiedliche Perlen aufziehen. Die Enden abschließend verknoten.

Beim Besuch der Reporterin in unserer Kita wurden die Kinder auch gefragt, was sie denn lieber zuhause tun: handarbeiten oder fernsehen? Unser sechsjähriger Florian antwortete schnell: „Ich kann beides, ich kann fernsehen und dabei weben, ohne hinzuschauen!"

Weben
(im Deckel eines Schuhkartons)

konnten die Webrahmen nur einmal verwendet werden. Die Kinder wollten aber auch gern einmal eine Decke weben, was mit dem Webrahmen aus Stöcken schwierig war.

Seit einiger Zeit werden nun die Deckel von Schuhkartons zu unseren Webrahmen, sowohl für das Rundweben als auch für das „normale" Weben. Das kostet nichts und vereinfacht das Herstellen des Webrahmens (im Vergleich zu den Webrahmen aus Holzstöcken). Mehrere Kinder können nacheinander den gleichen Webrahmen benutzen. Wenn er irgendwann unansehnlich oder beschädigt wird, ist es ein Leichtes, einen neuen zu basteln.

Wenn die Kinder im Rundweben sicher sind, können und wollen sie mit dem „normalen" geraden Weben beginnen. Die ersten Erfahrungen damit haben meine Hand-arbeitskinder mit den Webbildern im selbst gebastelten Webrahmen aus Holzstöcken gemacht (siehe Weben von Webbildern, S.50). Das klappte sehr gut, allerdings

Alter: ab ca. **5** Jahre

✂ Material:

- stabiler Deckel eines Schuhkartons (mind. 20 × 30 cm)
- scharfes Messer, besser Garten-/Rosenschere
- dicke, spitze Sticknadel
- dicke, stumpfe Wollnadel (z.B. von der Firma Prym)
- Stielkamm
- zwei dünne Holzstöcke (Gartencenter, 40 cm lang) oder Schaschlikspieße
- reißfeste Wolle oder Baumwolle für den Kettfaden
- bunte Wolle und Wollreste zum Weben (Schussfäden)
- Schere
- Lineal
- breitzinkiger Kamm (Webkamm)

☛ Und so wird's gemacht:

1. Mit Hilfe eines Lineals auf beiden Seiten des Deckels ca. 18 bis 20 Striche im Abstand von 1 cm auf den Deckelrand zeichnen. Die Striche sollten möglichst genau gegenüberliegen.

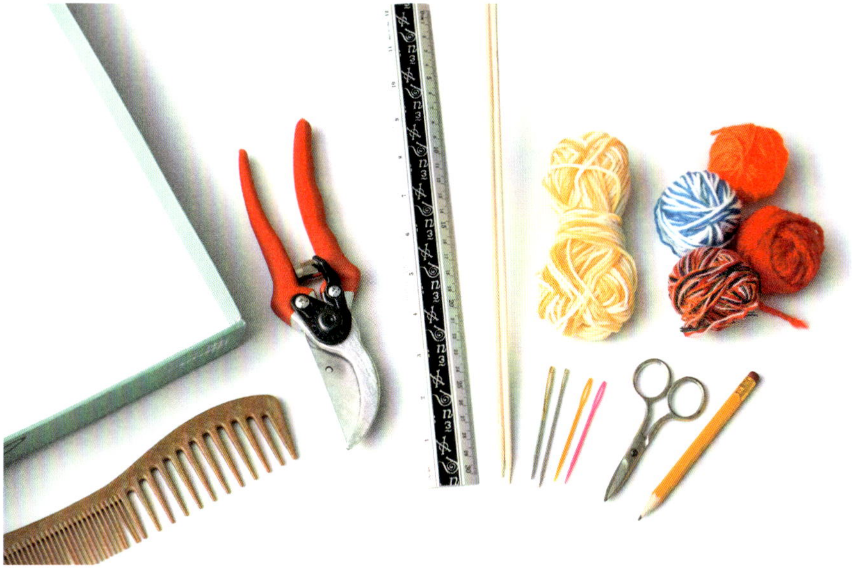

2. Mit einem scharfen Messer, besser mit einer Gartenschere, ca. 2 cm tief an den Strichen in den Deckelrand schneiden. (Wichtig: Immer eine gerade Anzahl von Einschnitten vornehmen!)

3. Ca. 1 cm vor dem ersten Einschnitt und 1 cm nach dem letzten Einschnitt mit einer dicken Sticknadel auf Höhe der Einschnitte jeweils gegenüberliegend ein Loch in den Kartonrand bohren und z. B. mit einem Stielkamm vergrößern. Holzstäbe durch die Löcher stecken und so abschneiden, dass sie ca. 2 cm überstehen; dann noch einmal herausziehen. Sie sollen später verhindern, dass die Webarbeit zur Mitte hin schmaler wird.

4. Den Anfang des Kettfadens ca. eine Deckelbreite lang herunterhängen lassen und ihn am Anfang zwei- oder dreimal durch die beiden Löcher am linken Rand ziehen.

5. Den Kettfaden über die Rückseite zum ersten Einschnitt führen

*5a

*5b

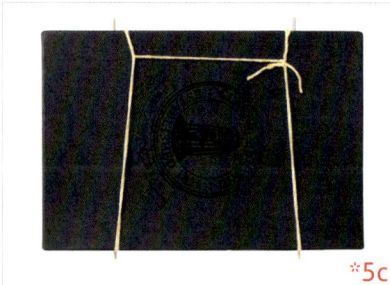

*5c

6. Am rechten Rand angekommen, den Faden wie bereits zu Beginn ca. dreimal durch die beiden Löcher ziehen und wieder großzügig (Deckelbreite) abschneiden.

7. Anfang und Ende des Kettfadens auf der Rückseite des Deckels verknoten. (*5c) Spieße durch die vorbereiteten Löcher stecken.

8. Zum Weben einen von den Kindern ausgewählten Wollfaden (ca. 1,50 m – das reicht für ca. vier Webreihen) um den rechten Holzstab und den mehrfachen Faden schlingen und an den Enden verknoten.

9. Nun kann das Kind mit dem Knoten in der Hand das Weben beginnen – immer abwechselnd einmal über und einmal unter den gespannten Kettfäden usw., bis zum Ende der Reihe. Dann den Wollfaden festziehen, um den Holzstab an der linken Seite führen und zurückweben. Dabei darauf ach-

und in den gegenüberliegenden Einschnitt ziehen. Dann den Faden außen in den danebenliegenden Einschnitt führen und ihn wieder zum gegenüberliegenden Einschnitt ziehen usw., bis der Deckel komplett bespannt ist. (*5a+b)

ten, dass jetzt der Faden genau entgegengesetzt einmal darunter, einmal darüber geführt wird.

10. Den Faden (ebenfalls ca. 1,50 m) durch das verknotete Ende des vorherigen Fadens ziehen und wieder verknoten. So kann mitten in der Reihe mit einer neuen Wolle weitergearbeitet werden. Den Knoten vom Wollwechsel nach unten auf die Rückseite des bisher Gewebten schieben.

*11a

*11b

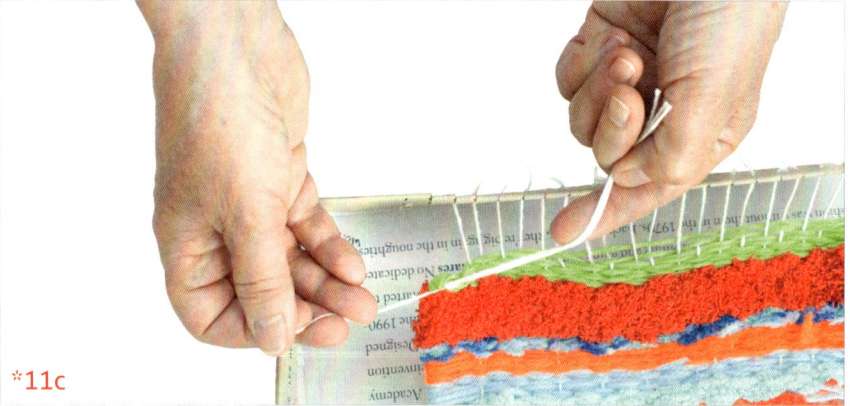

*11c

*11d

11. Das Kind beendet die Webarbeit ca. 5 cm vor dem oberen Rand des Deckels. Das Gewebte so stramm wie möglich mit dem Webkamm nach unten zusammenschieben. Die Kettfäden am oberen Rand von außen durchschneiden. (*11a) Die Holzstäbe herausziehen. (*11b) Nacheinander immer zwei nebeneinander liegende Kettfäden aus den Einschnitten lösen und nur einmal miteinander verknoten, dabei die Fäden möglichst festziehen. (*11c+d)

12. Sind alle Fäden miteinander verknotet, die unteren Schlingen vorsichtig aus den Einschnitten lösen (*12a + b) und das Gewebte in die Schlingen schieben. (*12c + d)

13. Dann die vorher verschlungenen Fäden festziehen, verknoten, abschneiden oder mit einer Nadel in das Gewebte ziehen.

*12a

*12b

*12c

*12d

🖊 **Tipp:** Beim Verknoten der Kettfäden sollte das Gewebte straff gezogen werden, dann bekommt es mehr Stabilität. Die Schlaufen sind oft an den Stellen, wo die Spieße gesteckt haben, etwas locker, dort zum Befestigen die Fäden vom Weben, einige Kettfäden und dicke Wolle von oben nach unten durchziehen.

Auch wenn es etwas Mühe und Zeit braucht, die kleinen „Werke" zu vollenden – ich finde, es lohnt sich! Immer wieder bewundere ich die Farbzusammenstellung der Kinder. Einige von ihnen haben besondere Vorlieben, wählen z. B. alle Schattierungen von blauer oder rosa Wolle nacheinander aus, andere weben bunt durcheinander. Zur Zeit der Fußball-Europameisterschaft webte ein fußballbegeisterter Junge an einem Vormittag (!) die Deutschlandfahne!

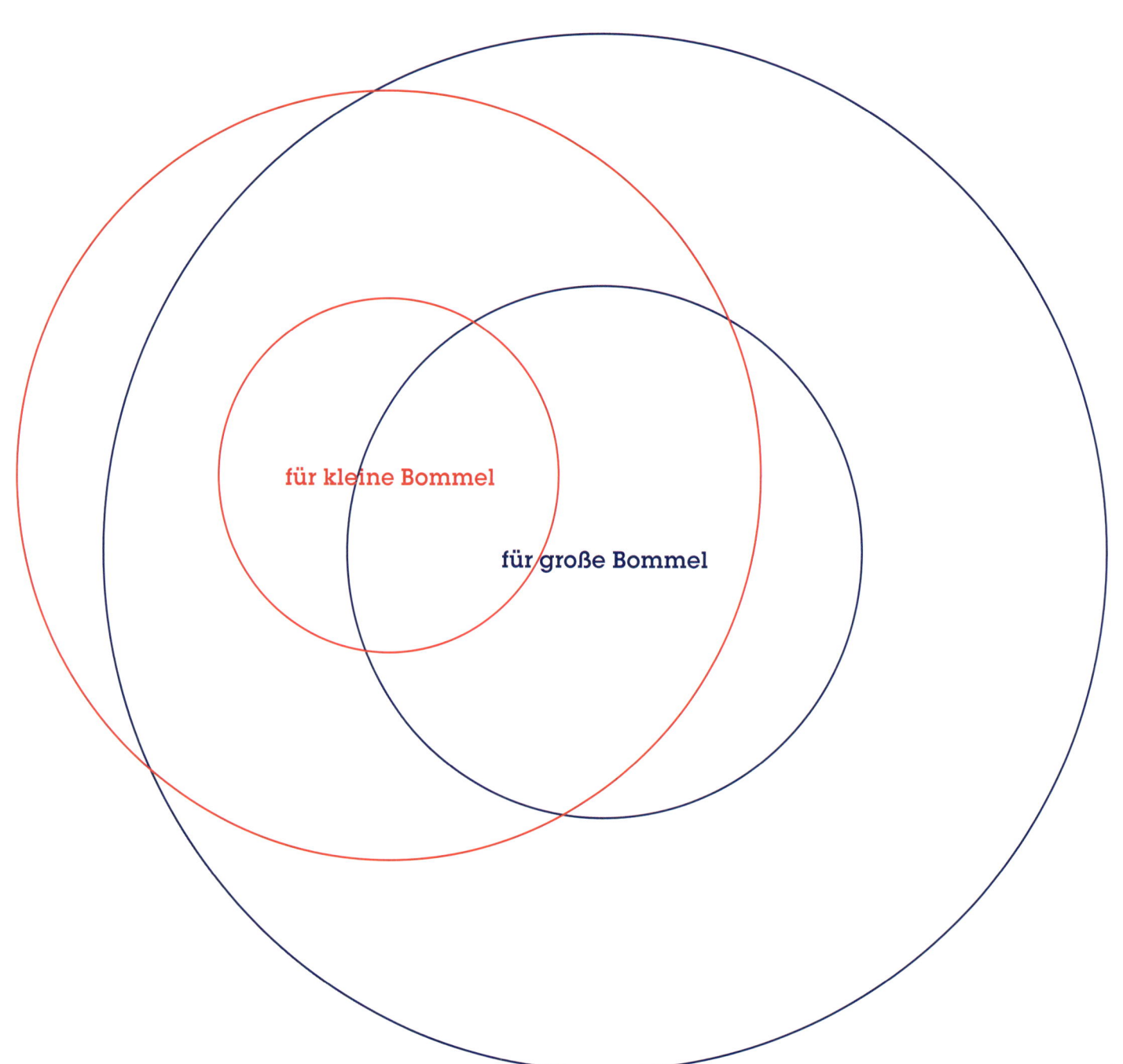

für kleine Bommel

für große Bommel

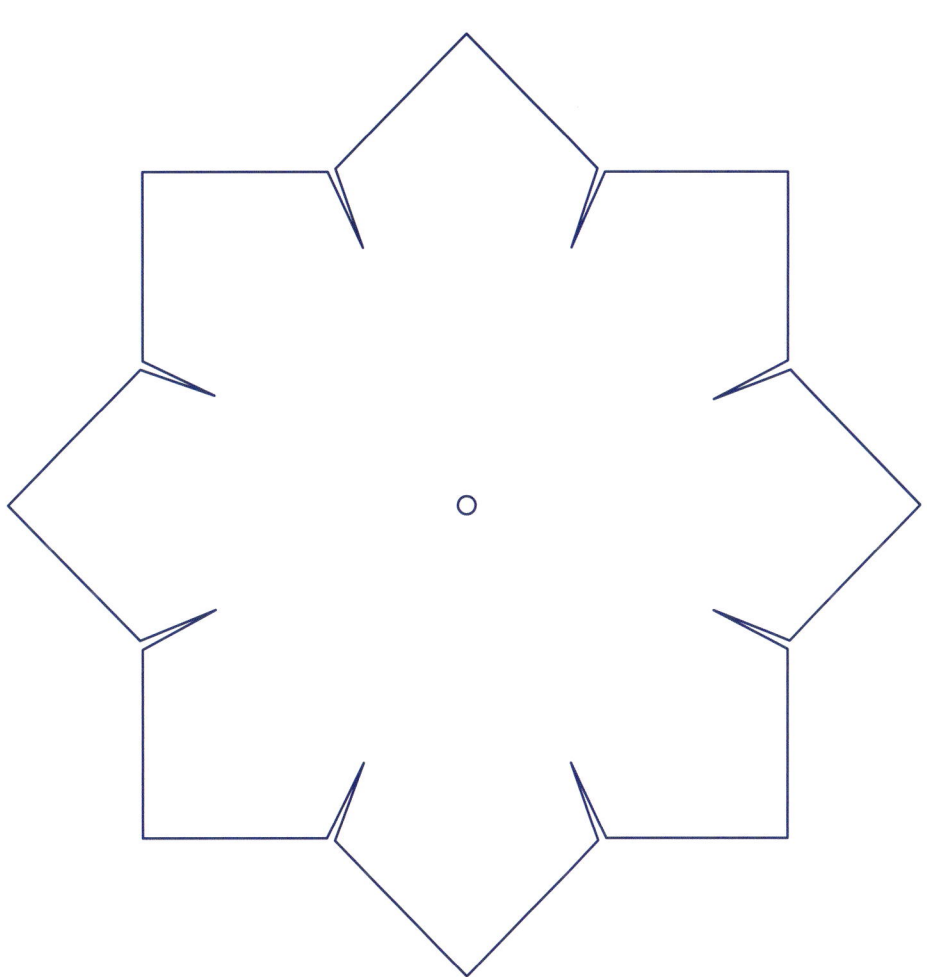

Knüpfstern

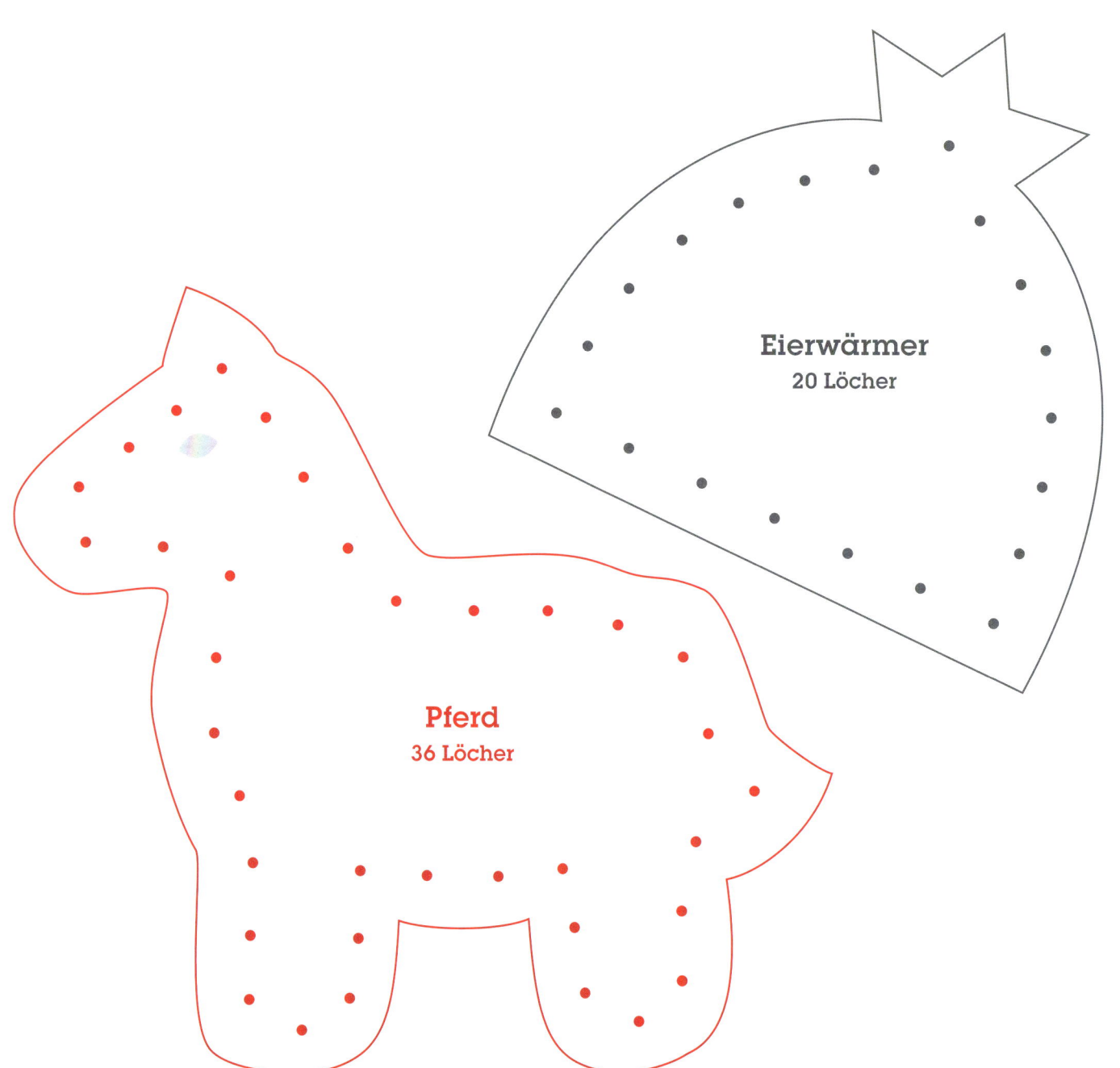

Eierwärmer
20 Löcher

Pferd
36 Löcher

Tanne
24 Löcher

Robbe
40 Löcher

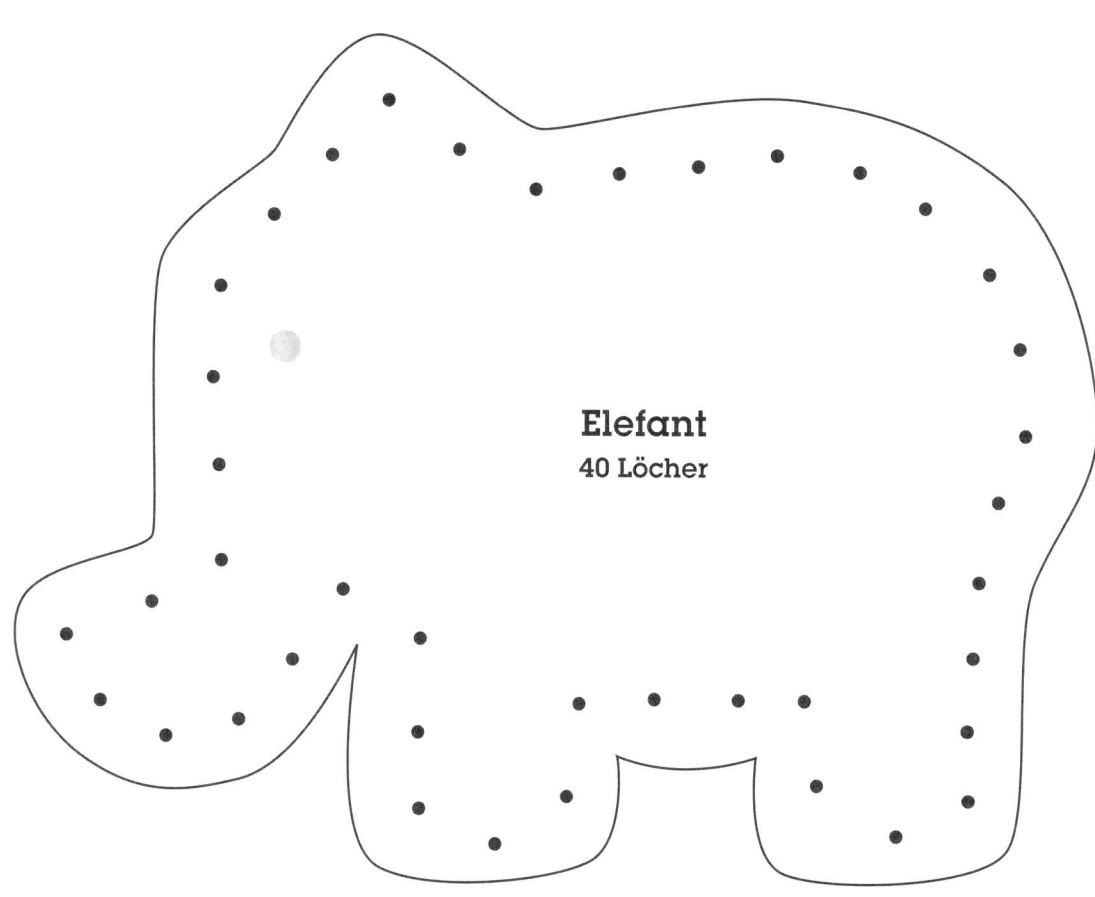

Elefant
40 Löcher

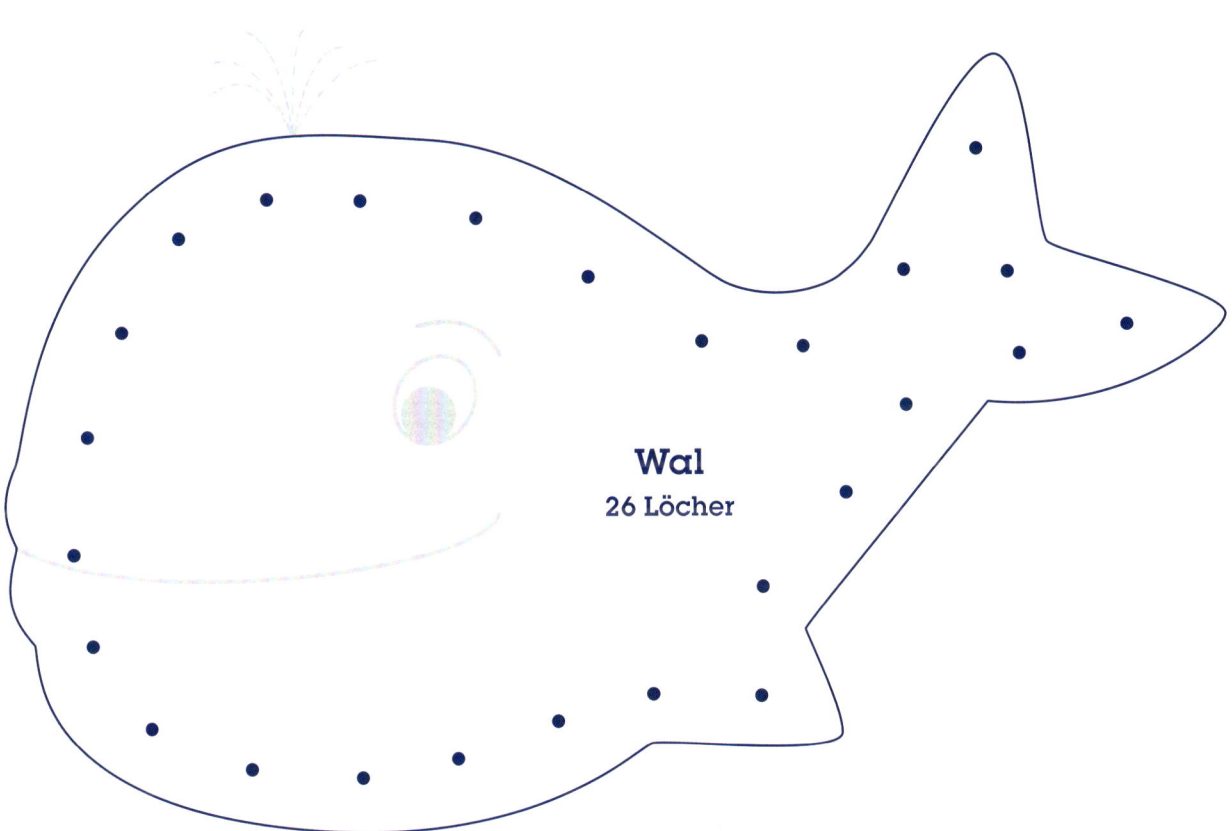

Wal
26 Löcher

☛ **Anleitung:**
Herstellung eines
Rahmens für das
Rundweben im
Schuhkartondeckel

5 6 7 8 9 10

4

3

2

1

33

32

31 30 29 28 27

von Einschnitt 1 zu Einschnitt 17
von Einschnitt 17 zu Einschnitt 18 **seitlich außen**
von Einschnitt 18 zu Einschnitt 2
von Einschnitt 2 zu Einschnitt 3 **seitlich außen**
von Einschnitt 3 zu Einschnitt 19
von Einschnitt 19 zu Einschnitt 20 **seitlich außen**
von Einschnitt 20 zu Einschnitt 4
von Einschnitt 4 zu Einschnitt 5 **seitlich außen**
von Einschnitt 5 zu Einschnitt 21
von Einschnitt 21 zu Einschnitt 22 **seitlich außen**
von Einschnitt 22 zu Einschnitt 6
von Einschnitt 6 zu Einschnitt 7 **seitlich außen**
von Einschnitt 7 zu Einschnitt 23
von Einschnitt 23 zu Einschnitt 24 **seitlich außen**
von Einschnitt 24 zu Einschnitt 8, *über die Rückseite*

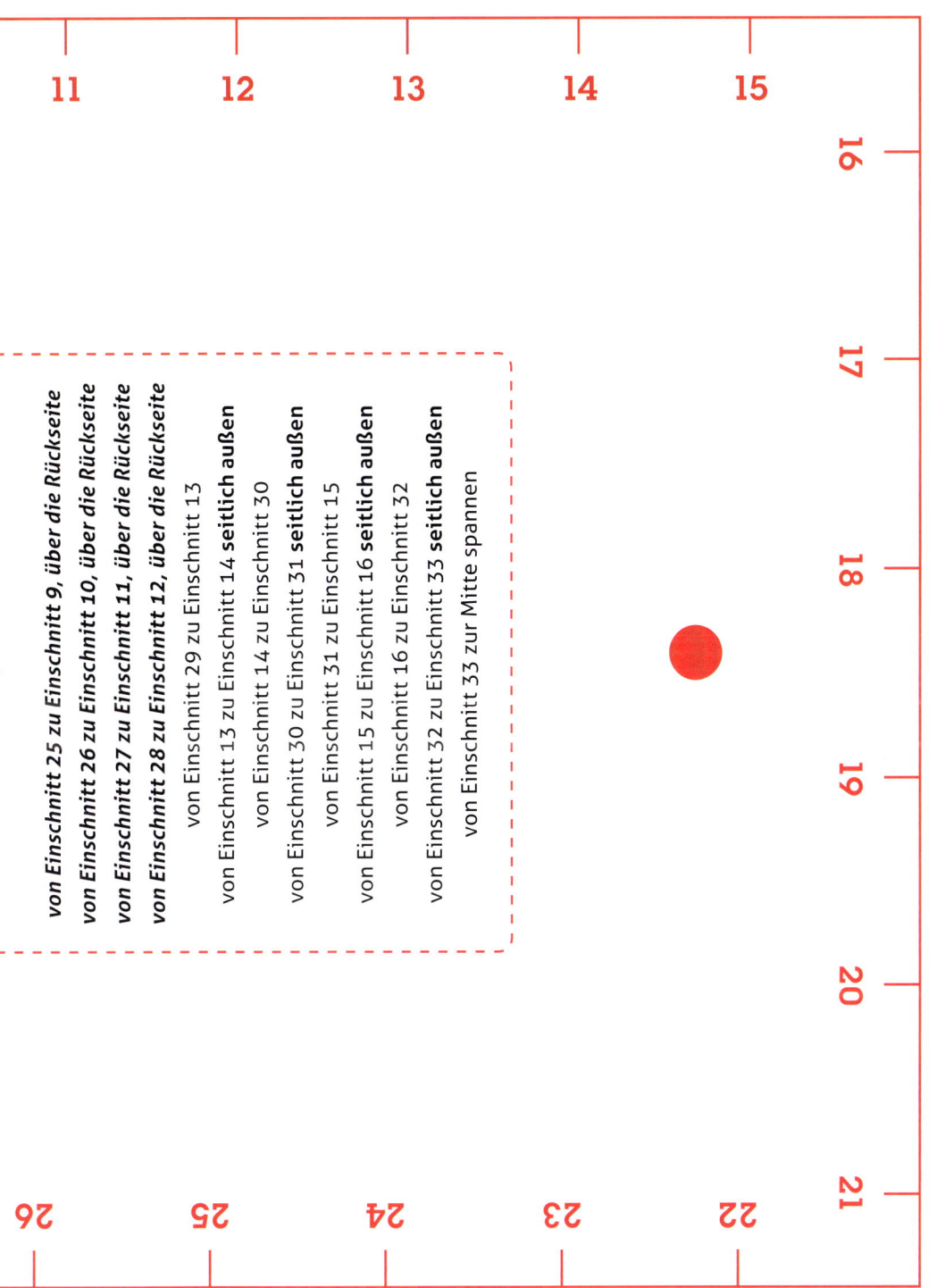

von Einschnitt 25 zu Einschnitt 9, über die Rückseite
von Einschnitt 26 zu Einschnitt 10, über die Rückseite
von Einschnitt 27 zu Einschnitt 11, über die Rückseite
von Einschnitt 28 zu Einschnitt 12, über die Rückseite

von Einschnitt 29 zu Einschnitt 13
von Einschnitt 13 zu Einschnitt 14 **seitlich außen**
von Einschnitt 14 zu Einschnitt 30
von Einschnitt 30 zu Einschnitt 31 **seitlich außen**
von Einschnitt 31 zu Einschnitt 15
von Einschnitt 15 zu Einschnitt 16 **seitlich außen**
von Einschnitt 16 zu Einschnitt 32
von Einschnitt 32 zu Einschnitt 33 **seitlich außen**
von Einschnitt 33 zur Mitte spannen

11 12 13 14 15 16 17 18 19 20 21 22 23 24 25 26

☛ Zur Autorin:

Neun Jahre lebte und arbeitete Brigitte Ettmann in ihrer Heimatstadt Leipzig als ehrenamtliche Mitarbeiterin in Kindertagesstätten. Hier fand sie eine Aufgabe, die sie erfüllte und ihr große Freude machte. Nun ist sie wieder in ihr jahrzehntelanges Zuhause am Niederrhein zurückgekehrt und führt auch hier als „Strickoma Brigitte" kleine und größere Kinder an einfache Handarbeiten heran. Sie ist damit so erfolgreich wie in Leipzig, denn hier wie dort haben weitere Kindertagesstätten mit vielen anderen „Strickomas und Strickmüttern" dieses Projekt umgesetzt.

Brigitte Ettmann gibt ihre Erfahrungen an andere Frauen weiter und bietet Kurse zu diesem Thema an. Auch die Presse und Radiosender sind auf sie aufmerksam geworden und haben über ihr Engagement berichtet. Ihr großer Wunsch: Viele, viele Kinder ab 3 bis 4 Jahren sollen die Möglichkeit zum Handarbeiten bekommen – zuhause, in der Kita und in der Grundschule.

In unserer „Mach mit!"-Reihe bislang erschienen:

Mach mit!

Hai Nguyen
Häkeln wie die Weltmeisterin
90 S., farbig, gebunden
ISBN 978-3-89798-465-3

Heike Henkel / Kerstin Anders
Mit Natur gestalten
90 S., farbig, gebunden
ISBN 978-3-89798-466-0

Constanze Derham
Neues Leben für alte Kleider
80 S., farbig, gebunden
ISBN 978-3-89798-482-0

Tanja Osswald
Mein gehäkelter Kuschelzoo
88 S., farbig, gebunden
ISBN 978-3-89798-510-0

Katrin Baumann / Steffi Schmat
Klöppeln mit Kindern
96 S., farbig, gebunden
ISBN 978-3-89798-514-8